# LES BIJOUX



## S. M. le Sultan ABD-UL-HAMID II

# CONDITIONS DE LA VENTE

Elle sera faite au comptant.

Les acquéreurs paieront *dix pour cent* en sus des enchères.

L'exposition permettant au public de se rendre compte de l'état et de la nature des objets, aucune réclamation ne sera admise une fois l'adjudication prononcée.

Dans l'intérêt de la vente, l'expert se réserve la faculté de réunir ou de diviser les objets décrits au présent catalogue.

Les bijoux et objets d'art compris dans la vente seront accompagnés d'un certificat officiel, constatant leur origine, qui sera remis à l'adjudicataire lors de la livraison.

Paris. — Imp. Georges Petit, 12, rue Godot-de-Mauroi. — 21745-11.

# CATALOGUE

### DES

# Perles, Pierreries

# BIJOUX

### ET

## OBJETS D'ART PRÉCIEUX

*Le tout ayant appartenu à*

## S. M. le Sultan ABD-UL-HAMID II

ET DONT LA VENTE AURA LIEU A PARIS

### 1° GALERIE GEORGES PETIT

8, RUE DE SÈZE, 8

*Les Lundi 27, Mardi 28 et Mercredi 29 Novembre 1911,*
*à 2 heures.*

### 2° HOTEL DROUOT, Salles Nᵒˢ 7 et 8

*Du Lundi 4 au Lundi 11 Décembre 1911, a 2 heures.*

---

|  |  |
|---|---|
| COMMISSAIRE-PRISEUR | EXPERT |
| Mᵉ F. LAIR-DUBREUIL | M. ROBERT LINZELER |
| 6, rue Favart, 6 | 9, rue d'Argenson, 9 |

---

## EXPOSITIONS

PARTICULIÈRE : *Galerie Georges Petit*, le Samedi 25 Nov. 1911

PUBLIQUES { *Galerie Georges Petit*, le Dimanche 26 Nov. 1911
{ *Hôtel Drouot, Salles 7 et 8*, le Dim. 3 Déc. 1911

DE 1 HEURE 1/2 A 6 HEURES

# ORDRE DES VACATIONS

## 1° GALERIE GEORGES PETIT

### *Lundi 27 Novembre 1911.*

|                                                      | Numéros        |
| ---------------------------------------------------- | -------------- |
| Colliers et Chapelets de perles. . 1 et 2,           | 5 à 11         |
| Chapelets divers . . . . . . . . . . . . . . .       | 12 à 14        |
| Broches . . . . . . . . . . . . . . . . . .          | 41 et 42       |
| Boucles d'oreilles . . . . . . . . . . . . . .        | 114            |
| Épingles de cravate . . . . . . . . . . . . .         | 126 à 130      |
| Boutons . . . . . . . . . . . . . . . . . . .        | 153            |
| Montres . . . . . . . . . . . . . . . . . .          | 158 et 159     |
| Carnet-agenda . . . . . . . . . . . . . . .          | 220            |
| Objets d'art précieux . . . . . 262 à 264,            |                |
| 270, 276, 277, 280 à 282,                            | 284 à 287      |

### *Mardi 28 Novembre 1911.*

| Colliers en brillants et en émeraudes . . .           | 15 à 17        |
| ----------------------------------------------------- | -------------- |
| Devant de corsage . . . . . . . . . . . . .           | 33             |
| Broches . . . . . . . . . . . . . . . . . .           | 43 à 46        |
| Bagues . . . . . . . . . . . . . . . . . . .          | 94 à 99        |
| Boucles d'oreilles . . . . . . . . . . . . .           | 115 à 117      |
| Boîtes, Tabatières, Porte-cigarettes . . .            | 221 à 229      |
| Coulants de ceinture . . . . . . . . . . .            | 298            |
| Pierres sur papier . . . . . . . . . . . . .          | 414 à 416      |

### *Mercredi 29 Novembre 1911.*

| Colliers en brillants . . . . . . . . . . .           | 18 et 19       |
| ----------------------------------------------------- | -------------- |
| Diadèmes . . . . . . . . . . . . . . . . .            | 28 à 32        |
| Devants de corsage . . . . . . . . . . . .            | 34 et 35       |
| Broches . . . . . . . . . . . . . . . . . .           | 47 et 48       |
| Zarfs . . . . . . . . . . . . . . . . . . .           | 183 à 203      |
| Brillants sur papier . . . . . . . . . . . .          | 303 à 309      |

## 2º HOTEL DROUOT, SALLES 7 ET 8

### Lundi 4 Décembre 1911.

|  | Numéros |
|---|---|
| Collier de chien en perles . . . . . . . . . | 4 |
| Collier en brillants . . . . . . . . . . . | 20 |
| Devant de corsage . . . . . . . . . . . | 36 |
| Broches . . . . . . . . . . . . . | 49 à 56 |
| Bracelets . . . . . . . . . . . . | 79 à 84 |
| Bagues . . . . . . . . . . . . . | 100 à 104 |
| Épingles de cravate . . . . . . . . . . | 131 à 136 |

### Mardi 5 Décembre 1911.

| Colliers en brillants . . . . . . . . . . | 21 à 23 |
|---|---|
| Devants de corsage . . . . . . . . . . | 37 à 39 |
| Broches . . . . . . . . . . . . | 57 à 63 |
| Bracelets . . . . . . . . . . . . | 85 et 86 |
| Bagues . . . . . . . . . . . . . | 105 et 106 |
| Boucles d'oreilles . . . . . . . . . . | 118 à 120 |
| Épingles de cravate . . . . . . . . . . | 137 à 140 |
| Boutons de manchettes et de chemise . . | 154 et 155 |
| Objets divers . . . . . . . . . . . | 299 et 300 |

### Mercredi 6 Décembre 1911.

| Collier de chien en perles . . . . . . . . | 3 |
|---|---|
| Colliers en brillants et en émeraudes . . | 24 et 25 |
| Devant de corsage . . . . . . . . . . | 40 |
| Broches . . . . . . . . . . . . | 64 à 74 |
| Bracelets . . . . . . . . . . . . | 87 à 91 |
| Bagues . . . . . . . . . . . . . | 107 à 110 |
| Boucles d'oreilles . . . . . . . . . . | 121 |
| Épingles de cravate et de coiffure . . . . | 141 à 148 |
| Boutons de manchettes et de chemise . . | 156 et 157 |
| Chaîne de montre . . . . . . . . . . | 160 |
| Objets divers . . . . . . . . . . . | 301 et 302 |

## Jeudi 7 Décembre 1911.



## Vendredi 8 Décembre 1911.



## Samedi 9 Décembre 1911.



## Lundi 11 Décembre 1911.

# PRÉFACE

———

Certes oui, tout arrive ! Voici qu'au XX<sup>e</sup> siècle, en plein Paris, à quelques pas du boulevard, je viens de vivre une aventure orientale, et de l'Orient le plus imprévu, le plus merveilleux, le plus fantastique, une véritable féerie sultanesque, un chapitre inédit des fameux Contes où s'est épanouie avec tant de prodigue opulence l'imagination arabe, mais auxquels cependant cet étrange rêve réalisé trouve encore moyen d'ajouter la fleur suprême d'une Mille et deuxième Nuit !

Sans doute, le décor du vieux recueil était changé. Je ne reconnaissais point celui dont mes souvenirs d'enfance furent meublés jadis par la traduction de Galland, au style un peu décoloré aujourd'hui. Non plus celui dont les teintes furent ravivées naguère par le verbe bariolé de Mardrus. Et, pour tout dire, je ne pouvais supposer que, l'automobile m'amenant là, c'était proprement le gigantesque oiseau Rock, ni qu'il allait faire de moi Sindbab le Marin débarqué dans le Val des Gemmes, ni, enfin, que la Caverne aux trésors d'Ali-Baba s'ouvrait près de l'Opéra et que la lampe d'Aladin y était remplacée par des ampoules de lumière électrique.

Mais le rêve, précisément, n'en était-il pas plus étrange, plus inattendu, d'un intérêt plus captivant, réalisé ainsi dans cette ambiance nouvelle, où rien ne s'accordait, en apparence, avec ses merveilles? Les dissonances d'un tel accompagnement ne faisaient-elles pas mieux chanter sa mélodie, jeune d'une jeunesse éternelle? Oui, les trompes des autos, les cornes et les sonneries des tramways, et les roulements souterrains du métro, et le hourvari babélique de la foule cosmopolite en ce coin de la Babylone moderne où l'on parle toutes les langues, oui, tout cela ronfle, mugit, glapit, assourdit; et j'en avais les oreilles tambourinées et tambourinantes: mais je n'en percevais que plus aigu et plus pénétrant, presque déchirant même, le cri intérieur du rêve; et ce cri affirmait que le rêve subsiste toujours et que les contes sont de la réalité quand on sait les comprendre, et que les légendes sont les vérités uniques, et que l'oiseau Rock, Sindbab le Marin, Ali-Baba et Aladin ne mourront jamais.

Et, que ce cri du rêve eût raison, j'en avais

bien la preuve ! Seul, le décor avait changé, des Mille Nuits et une Nuit ; et l'accompagnement de leur chanson aussi ; mais les contes, leur féerie, leur réalité, non pas ! Car c'est bien l'oiseau Rock, devenu automobile, qui venait de me déposer au numéro sept de la rue Meyerbeer, devant la Banque Impériale Ottomane ; et la porte, aux deux battants de glaces, par où j'y entrais, quittant le trottoir banal, allait me donner accès au Val des Gemmes et parmi les trésors d'Ali-Baba ; et ainsi, j'étais vraiment Sindbab le Marin et Aladin avec sa lampe merveilleuse, quoique je ne fusse, sans caftan, turban, ni babouches, qu'un simple badaud parisien de nos jours, en toilette d'été, vêtu d'un complet gris, coiffé d'un léger feutre mou, chaussé de bottines jaunes, et décoré comme tout le monde.

A peine entré, j'en eus le pressentiment, de l'heure extraordinaire que j'allais vivre là, en pleine Mille et deuxième Nuit. Et je le sentis frissonner aussi, ce pressentiment, chez mon dernier petit garçon et chez sa mère, présents à Paris, et que j'avais voulu régaler de cette miraculeuse aubaine.

Mais, autour de nous, rien ni personne ne semblait prêt à communier avec notre désir de rêve. Les êtres et les aîtres, accoutumés de longue date au maniement perpétuel de la richesse, en métal, en pierres précieuses ou en papier qui la représente, semblent n'y plus songer et n'y font pas songer davantage. Ces grillages, ces guichets, silencieux, corrects, froids, évoquent uniquement l'idée d'une bureaucratie élégante, d'une administration diplomatique et distinguée. Directeur et employés sont des gentlemen. Une Excellence ottomane a l'air d'un lord. Comment, dans ce milieu, penserait-on à Schéhérazade?

Encore moins en a-t-on souvenance, ni de Sindbab ni d'Aladin, si l'on prend garde aux choses et aux gens, pendant qu'on descend vers les trésors d'Ali-Baba, vers le Val des Gemmes. C'est par un petit escalier en colimaçon, aux marches et à la rampe de fer, sans doute ; mais de fer, pareillement, sont les escaliers, aussi en colimaçon, qui montent d'étage en étage chez les tailleurs et les couturières. Ici, l'on ne monte pas, il est vrai ; on s'enfonce sous terre. Toutefois, cela n'a rien de terrifiant. L'électricité change les caves en bouquets de lumière. Dans ces caves, d'ailleurs, qui sont des salles, on voit des tables à tapis vert autour desquelles des messieurs écrivent. Toujours des gentlemen! Comme on est loin des Mille et une Nuits !

Mais voici que s'ouvre une porte en métal, lourde et sonore, derrière une grille. Nous pénétrons, toujours parmi des nappes de clarté, dans un bain de gloire électrique, dans une dernière cave, presque un caveau, ou, pour mieux dire, à même un véritable coffre-fort. Car on y a la perception nette d'être clos en une caisse blindée, à l'épreuve de tout, du vol, de l'inondation, de l'incendie.

Et, cette fois, la féerie commence, non plus pour nous seulement, pour nous les rêveurs, le poète et les siens, mais aussi pour ceux qui nous accompagnent, pour les plus blasés de richesse, pour le directeur de la Banque, pour l'Excellence, pour le joaillier-expert qui va nous révéler les splendeurs enfouies dans ce tombeau, étaler devant nos regards les trésors d'Ali-Baba et me donner l'illusion, que dis-je? la sensation réelle, absolue, indéniable, vivante, d'être Sindbab le Marin dans le Val des Gemmes.

Dans la paroi du fond s'ouvrent des tiroirs, qui ressemblent à des couchettes bretonnes. Dans ces couchettes, dorment les bijoux et les gemmes, avec des enveloppes à lettres pour draps de lit. On les prend. On les démaillote de leurs'linceuls. On les pose tout nus sur une petite table de cristal. On les réveille.

Et c'est le trésor particulier du Sultan Abd-ul-Hamid, le tas de joyaux en pierres précieuses dont il amusait ses loisirs à Yildiz-Kiosk, lorsqu'on vint l'y surprendre pour le détrôner. Le dernier monarque vraiment absolu, le suprême potentat qui ait joui de la suprême omnipotence, le Commandeur des croyants, l'incarnation humaine d'Allah, voilà quels étaient ses joujoux de vieil enfant maniaque, sanguinaire, voluptueux et poltron, tandis que, dans son harem plein de houris terrestres, parmi les Circassiennes à la beauté parfaite, les eunuques, les lutteurs, les esclaves, il rêvait ses rêves de démences, de massacres, de débauches, de terreurs.

Jusqu'où allaient-ils, ces rêves d'un malade, d'un aliéné intermittent, aux moelles et aux nerfs sans cesse en vibration de colère, de jouissance et d'épouvante? On ne le sait qu'un peu, par ceux que sa volonté toute puissante put traduire en faits On le devine à peine, et avec des tressaillements d'horreur, quand on s'attarde à contempler longuement son masque aux évocations sinistres, dont la chair blême semble prête à se fondre en brume, dont les lèvres se crispent sous la moustache comme celles d'un fauve qui va mordre, et en même temps comme celles d'une pauvre bête agonisante qui a bu du poison. On les voit surtout passer, fuir, s'allumer pour s'éteindre aussitôt, ces rêves pareils à des vapeurs de miasmes, ces rêves de vampire et de larve, on les voit en lueurs d'éclipse et en nuages de tornade dans les yeux inoubliables de cette face qui est celle d'un fantôme, dans ces yeux hagards, effarés, clignotants, féroces, et lourds d'une sadique hébétude, où se baisent, et se dévorent, et se digèrent à la fois, tout l'Amour et toute la Mort.

Jusqu'où allaient-ils, les rêves d'Abd-ul-Hamid? Lui-même ne s'en souvient plus peut-être. Mais ils en ont sûrement gardé mémoire, eux, les bijoux, les joyaux, les joujoux dont s'amusait le Sultan, pendant qu'il rêvait ses rêves. Car les regards où flottaient ses rêves, c'est sur les pierreries des joyaux qu'il les aiguisait, les accrochait, les fixait ; c'est à elles, les gemmes, à elles, les perles, qu'il disait, par ses regards, tous ses rêves. Et c'est à elles encore qu'il les confiait par le toucher subtil, caressant, enveloppant, étreignant, fiévreux, lent ou rapide, doux ou rude, mais toujours expressif et sincère, et d'autant plus éloquent qu'il était muet, et d'autant plus abandonné qu'il était inconscient, machinal, inobservé, inobservable, ce toucher des doigts tantôt brûlants, tantôt glacés, ce toucher des paumes sèches ou moites, ce toucher de la peau humaine, à la pulpe si délicate, aux pores et aux papilles s'ouvrant comme autant de bouches qui hument et de petites trompes qui sucent, bouches et trompes par où les choses montent dans notre être, mais par où aussi tout notre être descend dans les choses. Et c'est pourquoi ils sont là, imprégnant ces gemmes, vivant dans ces perles, les rêves les plus fous du sultan Abd-ul-Hamid, non seulement ceux qu'il a traduits en faits, mais encore et surtout ceux qui ne furent que des rêves traversant son cerveau de vieil enfant maniaque, poltron, sanguinaire et voluptueux.

A coup sûr, il y en a de monstrueux, d'informes, parmi ces bijoux, ces joyaux, ces colliers, ces becs de canne, ces coffrets, ces oignons en montres rondes, ces pendants au volume et au poids de pendentifs, ces conglomérats de pierres formant croûtes, et qu'il aimait à palper, à serrer, à tripoter, comme des cailloux, dont le choc rythmait ses songeries, non moins informes et monstrueuses parfois. Aussi bien l'Orient nous étonne-t-il et nous choque-t-il souvent, par son goût pour l'excessif, nous autres Français qui prisons par-dessus tout la mesure, la sobriété. Encore devrions-nous confesser humblement que nos airs renchéris n'ont peut-être pas toujours raison quand même. Ce qui nous paraît excessif, dans le goût oriental, n'est-il pas tout naturel en Orient ? C'est à notre estime de critiques un peu étroits, mais à elle seule, que les poètes de là-bas semblent trop lyriques et que les lions y ont trop de crinière, le soleil trop d'éclat et le ciel trop d'étoiles.

Mais, fût-ce pour les plus difficiles de nos plus fins connaisseurs, fût-ce pour une Parisienne encore plus fine et plus difficile que ces connaisseurs-là, quelle fête des yeux et de l'esprit, quel régal d'admiration artistique, parmi les merveilles de ce trésor ! Car les grosses pièces d'orfèvrerie ou de bijouterie massive, les pierres précieuses ne formant que tas de pierres en mastic, les pommeaux (pareils, d'ailleurs, à celui de la fameuse canne balzacienne) sont, en somme, l'exception. Le reste, c'est-à-dire presque tout, un délice ! J'en ai pour longtemps, pour toujours, le souvenir fleuri, les regards pleins de chandelles romaines, l'imagination en fourmillement de voie lactée.

Je me rappelle, notamment, les *zarfs,* ces espèces de petits coquetiers en pierreries, où se pose la coquille en fine porcelaine des tasses à café. Rien de plus gracieux, de meilleur goût, de plus français, de plus XVIII<sup>e</sup> siècle français, que ces mignonnes coupes, ajourées et légères comme du filigrane, et qui ne sont composées que de gemmes multicolores. On dirait, de certaines, qu'on les a mosaïquées avec des miettes d'arc-en-ciel et des gouttes de rosée.

Et ces diadèmes, dont les diamants semblent juxtaposés comme par aimantation, sans qu'on voie monture aucune ! Celui, en particulier, dont l'aigrette a le dessin, l'essor, l'ondulation, le balancement, la souple élasticité vivante d'une véritable aigrette en plumage sur une tête d'oiseau du paradis ! Y a-t-il encore quelque part, une cour, et,

à cette cour, une marquise devenue la favo-
rite d'un roi, pour oser porter ce diadème et
arborer pareille aigrette ?

Et ces émeraudes fabuleuses, en a-t-on
jamais contemplé de telles ? Celle dans laquelle est taillé un tronçon, d'un seul mor-
ceau, afin d'y faire passer le tuyau d'une
pipe ! Et la parure aux pesantes larmes
d'absinthe, où semblent s'être condensées
toutes celles que fit verser le Massacreur, la
parure où ses terreurs devaient voir, en
certains cauchemars épouvantés, tous les
caillots de sa bile livide se congeler en gla-
çons verts !

Mais les miracles du Trésor, les deux
miracles devant quoi l'on est forcé de s'exta-
sier, ce sont les chapelets et les solitaires.
Et la Mille et deuxième Nuit, l'heure de
cette Nuit où l'on ressuscite dans toute la
féerie des fameux Contes, c'est ici, à toucher
les chapelets, à les égrener sous ses doigts,
à palper, à manier les solitaires, à les faire
rouler comme des billes dans ses paumes.

Les chapelets ont pour grains des perles
énormes, pures, grasses au toucher, douces
ainsi qu'une peau de femme, et dont la sur-
face ronde et polie semble avoir gardé la vie
de toutes les chairs qu'elle a caressées. De
dix en dix perles, surgit un rubis balai, qui
fait songer à un baiser rose, non plus rouge,
au dernier baiser tenté encore par un désir

prêt à s'énerver. Et, au bout du chapelet, pend un rubis oblong, où coule comme le reste d'un sang pâle se dépensant d'un jet suprême dans un spasme qu'achèvera la mort.

Quant aux solitaires, ils sont chacun dans un suaire de papier de soie, sous le cercueil d'une enveloppe qui porte le signalement et l'histoire de l'enseveli. On les pose un à un sur la table de cristal, tout nus, tout froids, et on les réveille, et voici que leurs éclairs vous poignardent les yeux.

Car ils n'ont point cessé de vivre, pas plus que les perles des chapelets. Et on le sent bien, quand on les prend, quand on les serre, quand on les tient à poignées, comme on sent frémir les perles, et leur peau fémi-nine se ranimer sous le contact de votre peau et répondre à votre caresse.

Et ce que l'on sent aussi, dans les perles et dans les diamants, ce que l'on y sent encore, ce que l'on y sentira toujours palpiter, vibrer, ce sont les rêves que rêvait, en les manipulant sans relâche, le Sultan qu'on vint surprendre à Yildiz-Kiosk pour en faire un captif, le vieil enfant maniaque, sangui-naire, voluptueux et poltron. Car, parmi les Circassiennes de son harem, ses eunuques, ses lutteurs, ses esclaves, tandis qu'il rumi-nait des songeries de massacre, de débauche et d'épouvante, infatigablement ses mains fiévreuses égrenaient les perles de ses chapelets, ou bien roulaient sous leurs paumes et entre leurs doigts les diamants versés dans une coupe, et parfois s'y baignaient à même jusqu'au poignet ; et ainsi tous les rêves du Sultan vampire, du Sultan larve, du Sultan sadique, tous ses rêves d'amour et de mort, tous ceux qu'il a réalisés et tous ceux qu'il a pu rêver seulement, tous sont endormis dans ces gemmes, dans ces perles, dans ces diamants.

Avoir égrené les chapelets d'Abd-ul-Hamid, avoir tenu dans le creux de ma main les solitaires où il trempait la sienne, avoir ainsi réveillé ses rêves et les avoir vus, comme dans ses yeux effarés et féroces, s'allumer, s'éteindre, passer en nuages de tornade et en lueurs d'éclipse, n'est-ce donc pas, au xx$^e$ siècle, à quelques pas du boulevard, avoir vécu pendant une heure, pleinement et réellement, une page inédite de la Mille et deuxième Nuit ? Certes oui, tout arrive !

JEAN RICHEPIN,

de l'Académie française.

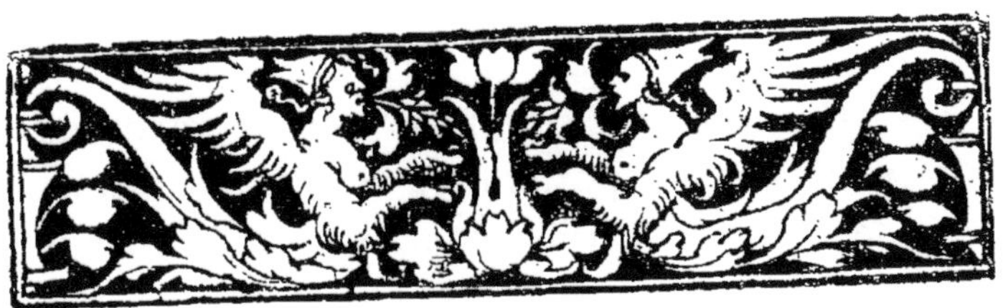

# DÉSIGNATION

## COLLIERS
## ET CHAPELETS DE PERLES

1 — COLLIER formé de 3 rangs de 154 perles d'Orient, tenus par un fermoir formé de trois lignes de brillants.

> 1ᵉʳ rang, 46 perles : 842,16 grains métriques.
> 821 1/2 1/8 grains anciens.
> 2ᵉ rang, 51 perles : 991,81 grains métriques.
> 967 1/2 1/8 grains anciens.
> 3ᵉ rang, 57 perles : 1.175,41 grains métriques.
> 1.146 3/4 grains anciens.

*Galerie Georges Petit, 27 novembre.*

2 — COLLIER formé de 3 rangs de 191 perles d'Orient, terminé par un fermoir formé d'ornements pavés de brillants et de roses et enrichi de cinq grosses perles.

Travail de la maison Lacloche, à Paris.

> Poids, 1ᵉʳ rang, 57 perles : 348 grains métriques.
> 339 1/2 grains anciens.
> 2ᵉ rang, 63 perles : 384,37 grains métriques.
> 375 grains anciens.
> 3ᵉ rang, 71 perles : 465,86 grains métriques.
> 454 1/4 grains anciens.

*Galerie Georges Petit, 27 novembre.*

3 — COLLIER DE CHIEN formé de 15 rangs de petites perles portant, au centre, une plaque de cou en platine composée d'ornements enrichis de brillants et de roses; fermoir formé d'une barrette en brillants.

Travail de la maison Lacloche, à Paris.

*Hôtel Drouot, 6 décembre.*

4 — COLLIER DE CHIEN composé de 14 rangs de petites perles portant, au centre, une plaque formée d'une résille en platine pavée de brillants et de roses, avec des parties en or émaillé bleu ; fermoir formé d'une barrette pavée de brillants.

Travail de la maison Lacloche, à Paris.

*Hôtel Drouot, 4 décembre.*

5 — CHAPELET formé de 105 perles d'Orient ; les douraqs pavés de roses, l'imamé en or partant d'une perle poire.

Poids des 100 perles formant le chapelet :
1.093,40 grains métriques.
1.066 3/4 grains anciens,
Poids de la perle poire :
54,20 grains métriques.
52 7/8 grains anciens.

*Galerie Georges Petit, 27 novembre.*

6 — CHAPELET formé de 108 perles d'Orient et 10 boules d'émeraudes.

Poids des 99 perles formant le chapelet :
1.421,93 grains métriques.
1.387 1/4 grains anciens.

*Galerie Georges Petit, 27 novembre.*

7 — CHAPELET formé de 101 perles d'Orient ; le douraq et les imamés en or.

> Poids des 99 perles formant le chapelet :
> 1.289,45 grains métriques.
> 1.258 grains anciens.

*Galerie Georges Petit, 27 novembre.*

8 — CHAPELET formé de 98 perles d'Orient, avec un imamé pavé de roses et 2 boules d'émeraudes.

> Poids des 98 perles : 867,40 grains métriques.
> 846 1/4 grains anciens.

*Galerie Georges Petit, 27 novembre.*

9 — CHAPELET formé de 99 perles d'Orient et d'une perle poire ; les douraq et imamé en or, supportant 3 boules de rubis godronnés, tenues par un petit brillant.

> Poids des 99 perles : 2.297,40 grains métriques.
> 2.241 3/8 grains anciens.
> Poids de la perle poire : 83,40 grains métriques.
> 81 3/8 grains anciens.

*Galerie Georges Petit, 27 novembre.*

10 — CHAPELET formé de 102 perles d'Orient, séparées par de toutes petites perles ; les douraqs en or pavés de roses, l'imamé pavé de roses et de rubis.

> Poids des 99 perles formant le chapelet :
> 503,27 grains métriques.
> 491 grains anciens.

*Galerie Georges Petit, 27 novembre.*

11 — CHAPELET formé de 99 perles d'Orient, avec les douraqs et imamé en or pavés de turquoises et ornés de rubis.

Poids des 99 perles : 568,10 grains métriques.
554 1/4 grains anciens.

*Galerie Georges Petit, 27 novembre.*

## CHAPELETS DIVERS

12 — CHAPELET formé de 99 boules d'écaille brune supportant des douraqs et un imamé en or, enrichis de brillants et de roses; dans un écrin en velours vert, portant sur le couvercle les initiales du Sultan en roses.

*Galerie Georges Petit, 27 novembre.*

13 — CHAPELET formé de pierres jaunes de Mésopotamie (Schah Maksoud), enrichi de 17 perles d'Orient; le douraq et les imamés en or.

*Galerie Georges Petit, 27 novembre.*

14 — CHAPELET formé de 99 perles de corail godronnées et de 9 perles d'Orient; le douraq et les imamés en or.

*Galerie Georges Petit, 27 novembre.*

## COLLIERS
### EN BRILLANTS ET EN ÉMERAUDES

15 — COLLIER formé d'une rivière de brillants, d'où pendent des brillants, et sur laquelle passent neuf ornements, pavés de brillants et de roses, où sont attachés des culots en roses supportant neuf poires émeraudes facetées.

*Galerie Georges Petit, 28 novembre.*

16 — COLLIER composé d'une rivière en brillants supportant des entrelacs tout pavés de brillants et de roses, d'où partent dix-neuf pendants pavés de brillants et de roses et dix-neuf culots d'où pendent des émeraudes poires cabochons.

*Galerie Georges Petit, 28 novembre.*

17 — PARURE composée d'un collier formé de dix émeraudes cabochons entourées chacune d'un rang de brillants et reliées par un gros brillant, et d'une broche pouvant former fermoir au collier et composée d'une grosse émeraude cabochon entourée de deux rangs de brillants.

Cet objet pourra être divisé.

*Galerie Georges Petit, 28 novembre.*

18 — COLLIER formé de vingt et un gros brillants, chatons en or décorés d'émail noir.

*Galerie Georges Petit, 29 novembre.*

19 — COLLIER composé de rosaces formées d'un gros brillant entouré de brillants et de roses, supportées par deux bandes de brillants, d'où pendent des guirlandes où sont attachés des motifs en poires pavés de brillants et de roses.

*Galerie Georges Petit, 29 novembre.*

20 — COLLIER composé d'une rivière de brillants d'où partent des ornements pavés de brillants et de roses ; au centre, un gros brillant.

*Hôtel Drouot, 4 décembre.*

21 — COLLIER formé d'une rivière en brillants supportant des bâtonnets pavés de brillants et de roses ; au centre, un gros brillant.

*Hôtel Drouot, 5 décembre.*

22 — COLLIER DE CHIEN composé d'ornements pavés de brillants et de roses.

*Hôtel Drouot, 5 décembre.*

23 — COLLIER formé de maillons tout pavés de brillants et de roses, supportant une grosse plaque formée de fleurs et d'ornements pavés de brillants et de roses, enrichie au centre d'un gros brillant ; de la plaque part un motif composé de fleurs, de chaînettes et d'ornements, tout pavé de brillants et de roses.

*Hôtel Drouot, 5 décembre.*

24 — COLLIER formé de quatre guirlandes de brillants tenues aux deux extrémités par des oiseaux pavés de brillants et de roses et réunies par trois croissants pavés de brillants portant au centre un brillant.

*Hôtel Drouot, 6 décembre.*

25 — PETIT COLLIER en or, enrichi d'émeraudes, de perles et de roses.

*Hôtel Drouot, 6 décembre.*

26 — COLLIER formé d'ornements pavés de brillants et de roses ; au centre, un gros brillant rond entre deux brillants moyens.

*Hôtel Drouot, 7 décembre.*

27 — GRANDE CHAINE SAUTOIR en or, formée de maillons tout pavés de brillants et de roses.

*Hôtel Drouot, 7 décembre.*

# DIADÈMES

28 — GRAND DIADÈME, composé d'entrelacs, pavés de brillants et de roses, portant un croissant en brillants et en roses et surmonté d'une aigrette recourbée, toute pavée de brillants et de roses, dont les pointes sont terminées par treize briolettes en diamants; monture en or.

*Galerie Georges Petit, 29 novembre.*

29 — GRAND DIADÈME formé d'une rosace composée d'un gros brillant entouré de neuf gros brillants; la rosace est surmontée de rayons pavés de brillants et de roses et elle est soutenue par des ornements également pavés de brillants et de roses; monture en or.

*Galerie Georges Petit, 29 novembre.*

30 — DIADÈME formé de feuilles de roseaux toutes pavées de brillants et de roses, avec, au centre, un gros brillant; il est surmonté d'une étoile pavée de brillants et de roses, ornée au centre d'un gros brillant entouré de petits brillants; monture en or.

*Galerie Georges Petit, 29 novembre.*

31 — DIADÈME formé de feuilles de roseaux toutes
pavées de brillants et de roses, avec, au centre,
un gros diamant et deux diamants en poire,
supportant une étoile pavée de brillants et de
roses, ornée au centre d'un gros brillant;
monture en or.

*Galerie Georges Petit, 29 novembre.*

32 — AIGRETTE formée d'une étoile surmontée
de rayons ; le tout pavé de brillants et de
roses ; monture en argent.

*Galerie Georges Petit, 29 novembre.*

# DEVANTS DE CORSAGE

33 — GRAND DEVANT DE CORSAGE composé de
trois rosaces d'émeraudes cabochons entourées de brillants et de roses, reliées par des
chaînes de brillants et de roses, dont l'une
est enrichie d'émeraudes cabochons d'où
pendent des émeraudes cabochons en poires.

*Galerie Georges Petit, 28 novembre.*

34 — PLAQUE DE CEINTURE formée de deux rosaces,
composées d'un ruban noué à six coques,
toutes pavées de brillants et de roses avec, au
centre, un gros brillant entouré de brillants,

D'un coulant portant des ornements pavés
de brillants et de roses, soutenant un gros
brillant entouré de brillants,

D'une chaîne toute pavée de brillants et de
roses.

*Galerie Georges Petit, 29 novembre.*

35 — GRAND DEVANT DE CORSAGE composé de trois guirlandes de brillants réunies par quatre agrafes de brillants ; les agrafes portent huit pampilles de brillants et de roses supportant des briolettes ; à la guirlande inférieure sont suspendues des briolettes.

*Galerie Georges Petit, 29 novembre.*

36 — PENDANT formé d'une perle entourée de brillants et de roses, d'où pend une perle poire.

*Hôtel Drouot, 4 décembre.*

37 — BROCHE formée d'une gerbe d'épis liés par un ruban ; le tout pavé de brillants et de roses.

*Hôtel Drouot, 5 décembre.*

38 — OISEAU aux ailes déployées, tout pavé de brillants et de roses.

*Hôtel Drouot, 5 décembre.*

39 — DEVANT DE CORSAGE composé de trois rosaces, réunies par des ornements, et d'où pendent des guirlandes et des pampilles ; le tout pavé de brillants et de roses.

*Hôtel Drouot, 5 décembre.*

40 — PENDANT formé d'une couronne de brillants avec, au centre, un gros brillant mobile surmonté d'un petit brillant.

*Hôtel Drouot, 6 décembre.*

# BROCHES

41 — BROCHE formée d'un nœud de ruban à trois
coques d'où pendent deux ornements supportant deux perles poires ; le tout en platine
pavé de brillants et de roses.

Travail de la maison Lacloche, à Paris.

*Galerie Georges Petit, 27 novembre.*

42 — BROCHE-PENDENTIF formée de deux cercles
de feuilles de laurier suspendus l'un au-
dessus de l'autre, surmontés d'un ruban noué ;
à l'intérieur de chaque cercle, un gros brillant dans un entourage de petits brillants ;
du second cercle pend une grosse perle poire.
Le tout en platine pavé de brillants et de
roses.

Travail de la maison Lacloche, à Paris.

*Galerie Georges Petit, 27 novembre.*

43 — GRANDE BROCHE formée d'une grosse émeraude cabochon entourée d'un cercle pavé de
brillants et de roses, supportant un brillant
d'où pend une grosse émeraude cabochon en
poire.

*Galerie Georges Petit, 28 novembre.*

44 — BROCHE devant de corsage, formée d'une
gerbe en or supportant des brillants, des roses
et des émeraudes cabochons en poire.

*Galerie Georges Petit, 28 novembre.*

45 — BROCHE formée d'une rosace portant une émeraude cabochon, entourée de brillants et de roses et supportant des pampilles en brillants soutenant trois poires d'émeraude facetées.

*Galerie Georges Petit, 28 novembre.*

46 — BROCHE formée d'une émeraude carrée facetée, entourée de gros brillants.

*Galerie Georges Petit, 28 novembre.*

47 — BROCHE formée de feuilles toutes pavées de brillants et de roses et enrichies de gros brillants.

*Galerie Georges Petit, 29 novembre.*

48 — PARURE composée de trois broches en forme de rosaces rayonnantes, toutes pavées de brillants et de roses.

*Galerie Georges Petit, 29 novembre.*

49 — BROCHE simulant un tronc d'arbre en or émaillé avec des ornements en brillants et en roses.

*Hôtel Drouot, 4 décembre.*

50 — BROCHE formée d'un croissant renfermant une étoile à cinq branches, le tout pavé de brillants et de roses.

*Hôtel Drouot, 4 décembre.*

5 1 — BROCHE-BARRETTE formée de gros brillants entourés de petits brillants.

*Hôtel Drouot, 4 décembre.*

5 2 — BROCHE DE NUQUE formée de bandes de brillants; au centre, une bande de gros brillants.

*Hôtel Drouot, 4 décembre.*

5 3 — DEUX BROCHES formées de deux diamants ovales taillés en roses.

*Hôtel Drouot, 4 décembre.*

5 4 — BROCHE formée d'une étoile à cinq branches toute pavée de brillants et de roses et ornée d'émail.

*Hôtel Drouot, 4 décembre.*

5 5 — GRANDE BROCHE formée d'une pensée toute pavée de brillants, de roses, de saphirs et de rubis.

*Hôtel Drouot, 4 décembre.*

5 6 — BROCHE devant de corsage, formée d'une branche de feuillage toute pavée de brillants et de roses et enrichie de gros brillants.

*Hôtel Drouot, 4 décembre.*

5 7 — BROCHE formée d'ornements pavés en brillants, surmontée d'un oiseau en brillants décoré d'émail vert et rouge, supportant des pendeloques ornées de brillants, de rubis, d'émeraudes et de roses.

*Hôtel Drouot, 5 décembre.*

58 — Broche formée de gros brillants disposés en cercle, surmontés de roses.

*Hôtel Drouot, 5 décembre.*

59 — Broche en or formée des armes impériales ottomanes.

*Hôtel Drouot, 5 décembre.*

60 — Broche formée d'un ornement en or émaillé rose et noir, avec des fleurs et des feuilles, le tout enrichi de brillants et de roses.

*Hôtel Drouot, 5 décembre.*

61 — Broche formant aigrette, composée de trois croissants, d'une étoile et d'ornements, le tout pavé de brillants et de roses.

*Hôtel Drouot, 5 décembre.*

62 — Broche formée de feuilles et de grappes, entièrement pavées de brillants et de roses.

*Hôtel Drouot, 5 décembre.*

63 — Grande Broche formée de fleurs en brillants et en roses et enrichie de rubis cabochons.

*Hôtel Drouot, 5 décembre.*

64 — Broche formée de feuilles nouées par un ruban, le tout pavé de brillants et de roses; au centre, un gros brillant.

*Hôtel Drouot, 6 décembre.*

65 — Broche formée d'une églantine ayant pour centre un gros brillant et toute pavée de brillants et de roses.

*Hôtel Drouot, 6 décembre.*

66 — Broche formée d'une étoile à six branches, entièrement pavée de brillants et de roses.

*Hôtel Drouot, 6 décembre.*

67 — Broche en or portant, au centre, un cercle d'émail bleu décoré d'une fleur de lis pavée en roses ; la broche enrichie de diamants.

*Hôtel Drouot, 6 décembre.*

68 — Broche formée d'une étoile à cinq branches toute pavée de brillants et de roses et ornée d'émail.

*Hôtel Drouot, 6 décembre.*

69 — Broche formée d'une étoile à seize branches toute pavée de brillants et de roses ; au centre, un gros brillant entouré d'un cercle de brillants.

*Hôtel Drouot, 6 décembre.*

70 — Broche-pendentif formée de deux rosaces superposées, composées chacune d'un saphir rectangulaire, entouré de brillants, où pend un petit saphir, entouré de brillants, supportant une grosse perle poire.

*Hôtel Drouot, 6 décembre.*

71 — GRANDE BROCHE formée des armes impériales ottomanes, toute pavée de brillants et de roses, enrichie au centre d'un gros brillant blanc ; elle supporte des guirlandes et des ornements formés de croissants et de pampilles, le tout pavé de brillants et de roses.

*Hôtel Drouot, 6 décembre.*

72 — BROCHE devant de corsage, formée d'ornements et de pendeloques, toute pavée de brillants et de roses.

*Hôtel Drouot, 6 décembre.*

73 — BROCHE formée d'une fleur pavée de brillants et de roses, d'où pendent six pampilles ornées de brillants et de roses.

*Hôtel Drouot, 6 décembre.*

74 — BROCHE en forme de gerbe en or, supportant des brillants et des briolettes en diamants.

*Hôtel Drouot, 6 décembre.*

75 — BROCHE formée d'un brillant mauve entouré de roses et d'un rang de gros brillants.

*Hôtel Drouot, 7 décembre.*

76 — BROCHE formée d'un œillet tout pavé de brillants et de roses.

*Hôtel Drouot, 7 décembre.*

77 — BROCHE formée d'un ruban noué tout pavé de brillants et de roses, enrichie, au centre, d'un gros brillant.

*Hôtel Drouot, 7 décembre.*

78 — Broche formée d'une émeraude rectangulaire entourée de petits brillants.

*Hôtel Drouot, 7 décembre.*

# BRACELETS

79 — Bracelet formé de maillons en or réunis par des agrafes, enrichis de brillants, de saphirs et de roses.

*Hôtel Drouot, 4 décembre.*

80 — Bracelet en tissu d'or, supportant un coulant d'où pend un médaillon orné d'émail noir et enrichi d'un trèfle formé de trois brillants entourés de roses.

*Hôtel Drouot, 4 décembre.*

81 — Bracelet en or, orné de deux brillants et de deux bandes de roses.

*Hôtel Drouot, 4 décembre.*

82 — Bracelet souple en or mat portant, au centre, une agrafe en brillants et une agrafe en rubis.

*Hôtel Drouot, 4 décembre.*

83 — Bracelet en or, formé d'une corde nouée, dans les anneaux de laquelle passe une ancre enrichie de brillants et de saphirs.

*Hôtel Drouot, 4 décembre.*

84 — BRACELET corps dur, en or, orné de brillants, portant une rosace formée d'un gros brillant entouré de brillants.

*Hôtel Drouot, 4 décembre.*

85 — BRACELET formé d'une fleur d'églantine toute pavée de brillants et de roses portant, au centre, un gros brillant ; elle est entourée de brillants ; le corps est formé de deux bandes de gros brillants entourés de petits brillants et dans les intervalles desquels sont serties des roses.

*Hôtel Drouot, 5 décembre.*

86 — BRACELET souple en or, formé de maillons filigranés portant chacun un petit brillant, le centre du bracelet est orné d'un gros brillant rond.

*Hôtel Drouot, 5 décembre.*

87 — BRACELET formé d'une rosace portant, au centre, un brillant rectangulaire entouré de petits brillants et accoté de quatre gros brillants ; le corps est formé de deux bandes de brillants entre lesquelles des brillants sont disposés en losanges.

*Hôtel Drouot, 6 décembre.*

88 — BRACELET formé d'une rosace portant, au centre, une rose triangulaire, entourée d'ornements en brillants ; le corps est formé d'entrelacs courant entre deux bandes de brillants.

*Hôtel Drouot, 6 décembre.*

89 — BRACELET formé d'un corps en or, portant au centre un brillant entouré de turquoises et une bande de brillants et de roses entre deux bandes de turquoises.

*Hôtel Drouot, 6 décembre.*

90 — BRACELET en forme de courroie en or, enrichi d'un passant en émail et d'un coulant orné de brillants et d'émail.

*Hôtel Drouot, 6 décembre.*

91 — BRACELET formé d'une gourmette en or, portant au centre une applique composée d'un saphir cabochon entouré de brillants. Cette applique peut se monter sur un corps de bague en or.

*Hôtel Drouot, 6 décembre.*

92 — BRACELET en forme de courroie en or, portant un coulant enrichi de brillants, de roses et d'émail.

*Hôtel Drouot, 7 décembre.*

93 — BRACELET formé d'une gourmette en or, enrichi d'un saphir, d'un rubis, d'une émeraude cabochon et de six brillants.

*Hôtel Drouot, 7 décembre.*

# BAGUES

94 — BAGUE formée d'un gros brillant serti sur un corps en or pavé de brillants et de roses; monture à la turque.

*Galerie Georges Petit, 28 novembre.*

95 — BAGUE formée d'un gros rubis cabochon serti sur un corps en or formé de bandes de brillants et de roses ; monture à la turque.

*Galerie Georges Petit, 28 novembre.*

96 — BAGUE formée d'un gros rubis cabochon pointu, serti sur un corps en or enrichi de brillants et de roses ; monture à la turque.

*Galerie Georges Petit, 28 novembre.*

97 — BAGUE formée d'un gros rubis cabochon, serti sur un corps en or formé de bandes pavées de brillants et de roses ; monture à la turque.

*Galerie Georges Petit, 28 novembre.*

98 — BAGUE formée d'une grosse émeraude cabochon ovale, le corps en or formé de bandes pavées de brillants et de roses ; monture à la turque.

*Galerie Georges Petit, 28 novembre.*

99 — BAGUE formée d'une émeraude cabochon ronde supportée par un corps en or enrichi de roses.

*Galerie Georges Petit, 28 novembre.*

100 — BAGUE formée d'un gros brillant rectangulaire monté sur un corps cannelé en or.

*Hôtel Drouot, 4 décembre.*

101 — **Bague** formée d'un gros rubis cabochon monté sur un corps en or enrichi de brillants et de roses.

*Hôtel Drouot, 4 décembre.*

102 — **Bague** formée d'un gros brillant monté sur un jonc en or.

*Hôtel Drouot, 4 décembre.*

103 — **Bague** formée d'un gros brillant rectangulaire monté sur un corps en or enrichi de roses.

*Hôtel Drouot, 4 décembre.*

104 — **Bague** formée d'un gros brillant rond monté dans un double entourage de rubis calibrés et de brillants; corps enrichi de brillants, monture en platine.

*Hôtel Drouot, 4 décembre.*

105 — **Bague** formée d'un gros diamant carré supporté par un corps en or enrichi de brillants.

*Hôtel Drouot, 5 décembre.*

106 — **Monture de bague** en or, avec des brillants et des roses.

*Hôtel Drouot, 5 décembre.*

107 — **Bague** formée d'une perle entre deux brillants, monture à trois corps en or, enrichis de deux bandes et d'une résille pavées de roses.

*Hôtel Drouot, 6 décembre.*

108 — BAGUE à deux corps en or, enrichie d'un gros brillant et de deux bandes de roses.

*Hôtel Drouot, 6 décembre.*

109 — BAGUE formée d'un jonc en or, enrichie d'un rubis cabochon et de deux brillants.

*Hôtel Drouot, 6 décembre.*

110 — BAGUE formée d'un rubis cabochon pointu monté sur un corps en or formé de bandes pavées de roses ; monture à la turque.

*Hôtel Drouot, 6 décembre.*

111 — BAGUE formée d'un brillant monté sur un corps en or.

*Hôtel Drouot, 7 décembre.*

112 — BAGUE formée d'un brillant carré monté sur un corps en or composé de bandes pavées de brillants et de roses ; monture à la turque.

*Hôtel Drouot, 7 décembre.*

113 — BAGUE formée d'un brillant monté sur un corps en or.

*Hôtel Drouot, 7 décembre.*

# BOUCLES D'OREILLES
## PENDANTS D'OREILLES

114 — PAIRE DE BOUCLES D'OREILLES formées, chacune, d'une perle bouton entourée de brillants, surmontée d'une poire brillant et supportant trois perles poires retenues par des culots de roses.

*Galerie Georges Petit, 27 novembre.*

115 — PAIRE DE PENDANTS D'OREILLES formés de deux émeraudes cabochons rondes, entourées de brillants et de roses, supportant deux culots pavés de brillants et de roses, d'où pendent deux émeraudes cabochons en poires.

*Galerie Georges Petit, 28 novembre.*

116 — PAIRE DE PENDANTS D'OREILLES formés de deux trèfles en brillants supportant des culots en roses, d'où pendent deux grosses émeraudes cabochons en poire.

*Galerie Georges Petit, 28 novembre.*

117 — PAIRE DE PENDANTS D'OREILLES formés de deux brillants supportant des culots pavés de roses, d'où pendent deux grosses poires en émeraudes facetées.

*Galerie Georges Petit, 28 novembre.*

1 18 — Paire de pendants d'oreilles formés d'ornements en or pavés de brillants et de roses.

*Hôtel Drouot, 5 décembre.*

1 19 — Paire de pendants d'oreilles formés chacun d'un brillant supportant une briolette en brillants, retenue par un petit culot pavé de roses.

*Hôtel Drouot, 5 décembre.*

1 20 — Paire de boucles d'oreilles formées de deux brillants moyens reliés par deux petits brillants à deux autres brillants moyens mobiles.

*Hôtel Drouot, 5 décembre.*

1 21 — Paire de boutons d'oreilles formés de deux brillants ronds solitaires.

*Hôtel Drouot, 6 décembre.*

1 22 — Paire de boutons d'oreilles formés de deux brillants ronds solitaires.

*Hôtel Drouot, 7 décembre.*

1 23 — Paire de boucles d'oreilles formées de deux brillants solitaires surmontés chacun d'une rose.

*Hôtel Drouot, 7 décembre.*

124 — PAIRE DE BOUCLES D'OREILLES formées de deux trèfles en brillants, rubis et roses, supportant deux gros brillants surmontés d'un petit brillant.

*Hôtel Drouot, 7 décembre.*

125 — PAIRE DE BOUTONS D'OREILLES formés de deux perles entourées de brillants.

*Hôtel Drouot, 7 décembre.*

# ÉPINGLES DE CRAVATE

### ET

## ÉPINGLES DE COIFFURE

126 — ÉPINGLE DE CRAVATE formée d'une grosse perle grise.

*Galerie Georges Petit, 27 novembre.*

127 — ÉPINGLE DE CRAVATE formée d'une perle brune tenue par une feuille pavée de brillants et de roses.

*Galerie Georges Petit, 27 novembre.*

128 — ÉPINGLE DE CRAVATE formée d'une perle grise en poire supportée par deux feuilles pavées de brillants et de roses.

*Galerie Georges Petit, 27 novembre.*

129 — ÉPINGLE formée d'une perle d'Orient sur une tige en or.

*Galerie Georges Petit, 27 novembre.*

1 30 — ÉPINGLE DE CRAVATE formée d'une perle poire grise sur une tige en or.

*Galerie Georges Petit, 27 novembre.*

1 31 — ÉPINGLE DE CRAVATE formée d'une perle brune sur une tige en or.

*Hôtel Drouot, 4 décembre.*

1 32 — DIX ÉPINGLES DE CRAVATE en or, enrichies de saphirs, rubis, brillants et roses.

*Hôtel Drouot, 4 décembre.*

1 33 — DIX ÉPINGLES DE CRAVATE en or et en platine, enrichies de rubis, d'émeraudes, de brillants et de roses.

*Hôtel Drouot, 4 décembre.*

1 34 — DIX ÉPINGLES DE CRAVATE en or, enrichies de saphirs, de rubis, de perles et de roses.

*Hôtel Drouot, 4 décembre.*

1 35 — ÉPINGLE DE CRAVATE formée d'une perle poire grise, montée sur une tige en or.

*Hôtel Drouot, 4 décembre.*

1 36 — ÉPINGLE DE CRAVATE formée d'un saphir cabochon entouré de petits brillants.

*Hôtel Drouot, 4 décembre.*

137 — DIX ÉPINGLES DE CRAVATE en or, enrichies de saphirs, d'émeraudes, de rubis, de perles blanches, de perles noires, de brillants et de roses.

*Hôtel Drouot, 5 décembre.*

138 — DIX ÉPINGLES DE CRAVATE en or, enrichies de rubis cabochons, de saphirs, de turquoises, de brillants et de roses.

*Hôtel Drouot, 5 décembre.*

139 — DIX ÉPINGLES DE CRAVATE en or, enrichies d'émeraudes, d'opales, de rubis, de brillants et de roses.

*Hôtel Drouot, 5 décembre.*

140 — ÉPINGLE DE CRAVATE formée d'une émeraude en poire entourée de brillants.

*Hôtel Drouot, 5 décembre.*

141 — NEUF ÉPINGLES DE CRAVATE en or, enrichies de rubis, de turquoises, de saphirs, de perles, de brillants et de roses.

*Hôtel Drouot, 6 décembre.*

142 — DIX ÉPINGLES DE CRAVATE en or, ornées de rubis, de saphirs, de brillants et de roses.

*Hôtel Drouot, 6 décembre.*

143 — DIX ÉPINGLES DE CRAVATE en or, enrichies d'opales, de rubis, de saphirs, d'émeraudes, de brillants et de roses.

*Hôtel Drouot, 6 décembre.*

144 — Épingle de cravate formée d'une perle
en poire montée sur une tige en or.

*Hôtel Drouot, 6 décembre.*


145 — Dix épingles de cravate en or, enrichies
d'opales, de rubis, de saphirs, de brillants et
de roses.

*Hôtel Drouot, 6 décembre.*


146 — Épingle de cravate formée d'une perle
noire entourée de petits rubis.

*Hôtel Drouot, 6 décembre.*


147 — Épingle de coiffure formée d'un gros
brillant rectangulaire entouré de petits brillants.

*Hôtel Drouot, 6 décembre.*


148 — Épingle de cravate formée d'un trèfle en
brillants supportant un brillant ovale surmonté d'un rubis.

*Hôtel Drouot, 6 décembre.*


149 — Épingle de cravate formée d'un brillant
en poire surmontant une perle poire.

*Hôtel Drouot, 7 décembre.*


150 — Épingle de cravate formée d'un fer à
cheval en or, enrichi de rubis et de brillants
et portant, au centre, une perle.

*Hôtel Drouot, 7 décembre.*

151 — Épingle de cravate formée d'un péridot cabochon entouré de rubis et de brillants alternés.

*Hôtel Drouot, 7 décembre.*

152 — Trois épingles de coiffure formées de trois églantines toutes pavées de brillants et de roses.

*Hôtel Drouot, 7 décembre.*

# BOUTONS DE MANCHETTES
## ET BOUTONS DE CHEMISE

153 — Cinq boutons, formés chacun d'une perle entourée d'une torsade en or émaillé bleu, vert et rouge.

*Galerie Georges Petit, 27 novembre.*

154 — Garniture de chemise, formée de deux boutons de manchettes ronds, pavés de brillants et de roses, et de quatre boutons de chemise formés chacun d'un gros brillant.

*Hôtel Drouot, 5 décembre.*

155 — Garniture de chemise, composée de deux boutons de manchettes repercés, enrichis de brillants et de roses, un bouton de col en or, et trois boutons de chemise, formés chacun d'un brillant monté sur or.

*Hôtel Drouot, 5 décembre.*

156 — Garniture de chemise, composée d'une paire de boutons de manchettes et de deux boutons de chemise, en platine, enrichie de petits brillants.

*Hôtel Drouot, 6 décembre.*

157 — Garniture de chemise, formée de deux boutons de manchettes en platine portant une barrette en saphirs et brillants, et de deux boutons de chemise en platine portant une barrette composée de la même façon.

*Hôtel Drouot, 6 décembre.*

# MONTRES, CHAINES
## ET CHATELAINES

158 — Montre à remontoir en or, pavée de saphirs, avec un croissant en brillants; elle est tenue par une chaîne en or, ornée de saphirs et de brillants, supportant deux glands en or décorés de la même façon.

*Galerie Georges Petit, 27 novembre.*

159 — Montre à double enveloppe en or ciselé, la première enveloppe toute pavée de brillants.

De Georges Prior, à Londres.

*Galerie Georges Petit, 27 novembre.*

160 — CHAINE DE MONTRE en or et platine, supportant un médaillon carré en or et platine.

*Hôtel Drouot, 6 décembre.*

161 — MONTRE à remontoir, à répétition, en or, portant l'heure à la franque et l'heure à la turque, avec une chaîne en or supportant un médaillon et un crayon ; sur la montre, le médaillon, la chaîne et le crayon, une couronne impériale ; le tout enrichi d'émail, de brillants et de roses.

Travail de la maison Leroy, à Paris.

*Hôtel Drouot, 8 décembre.*

162 — MONTRE à remontoir, à double boîtier en or uni, ornée sur le dessus d'une rosace pavée de roses portant, au centre, un brillant.

Travail de Elgin Natt Watch Cº.

*Hôtel Drouot, 8 décembre.*

163 — MONTRE à remontoir, à double boîtier en or ; le boîtier du dessus est orné d'un cadran en émail rouge portant les chiffres des heures en or.

Marque Vulcain.

*Hôtel Drouot, 8 décembre.*

164 — MONTRE à remontoir, en or ; le couvercle émaillé vert, à réserves d'ornements gravés.

Marque Vulcain.

*Hôtel Drouot, 8 décembre.*

165 — Montre à remontoir, en or guilloché, ornée sur le dessus d'une étoile enrichie d'un brillant et pavée de roses.

Travail de Elgin Natt Watch C°.

*Hôtel Drouot, 8 décembre.*

166 — Montre à remontoir, double boîtier en or gravé, orné d'une étoile et d'un croissant enrichis d'un brillant et pavés de roses.

Marque Elgin.

*Hôtel Drouot, 8 décembre.*

167 — Montre à remontoir, double boîtier en or émaillé bleu, incrusté de roses ; supportée par une chaîne en or émaillé bleu, enrichie de brillants, de roses et de rubis, à laquelle sont fixés un médaillon enrichi d'un brillant et un cachet en onyx orné de roses et de rubis.

*Hôtel Drouot, 8 décembre.*

168 — Montre de dame à remontoir, double boîtier en or émaillé bleu, orné de demi-perles et de roses, et une châtelaine en or enrichie d'émail bleu.

*Hôtel Drouot, 8 décembre.*

169 — Montre à remontoir, double boîtier en or émaillé rose aux initiales S. R. dans une couronne de fleurs ; le remontoir enrichi de roses et d'un brillant. Elle est supportée par une chaîne en or émaillé rose, vert et blanc, à laquelle sont fixés un crochet de châtelaine enrichi de roses et un cachet en or émaillé, soutenant des topazes roses.

*Hôtel Drouot, 8 décembre.*

170 — Deux Montres boules en or, ornées de brillants et de roses.

*Hôtel Drouot, 8 décembre.*

171 — Montre à remontoir, double boîtier en or, portant sur le dessus le tracé du futur chemin de fer de Bagdad, indiqué par des rubis, des saphirs et des brillants.

*Hôtel Drouot, 8 décembre.*

172 — Montre à remontoir, double boîtier en or gravé, ornée d'une rosace enrichie de brillants et de roses.

Travail de Elgin Natt Watch C°.

*Hôtel Drouot, 8 décembre.*

173 — Montre à remontoir, double boîtier en or ciselé imitant des coquilles, supportant des ornements pavés de brillants et de roses.

Travail de New-York Standard Watch C°.

*Hôtel Drouot, 8 décembre.*

174 — Montre à remontoir en or; le boîtier est pavé de petites émeraudes cabochons et de roses; le cadran est entouré d'émeraudes cabochons et de roses alternées.

*Hôtel Drouot, 8 décembre.*

175 — Montre à remontoir en or, portant sur le
couvercle un ornement formé d'un rubis
cabochon irrégulier entouré de brillants; elle
est attachée à une chaîne en or portant des
motifs de feuillages pavés de brillants et de
roses, et que retient un crochet de châtelaine
formé d'une rose pavée de brillants et de
roses.

*Hôtel Drouot, 8 décembre.*

176 — Montre à remontoir, double boîtier en
or gravé, portant des ornements pavés de
roses, et fixée à une régence en tissu d'or
enrichie de roses et de rubis.

*Hôtel Drouot, 8 décembre.*

177 — Montre à remontoir, en or guilloché,
portant une rosace enrichie d'un brillant et
pavée de roses.

Travail de Elgin Natt Watch C°.

*Hôtel Drouot, 8 décembre.*

178 — Montre à remontoir, à double boîtier en
or, portant, sur l'un des côtés, les initiales
A. H. pavées de brillants et de roses, et, sur
l'autre, le mot « Hamidié » (Souvenir) en
caractères turcs ; le cadran mobile permet de
faire coïncider l'heure à la franque et l'heure
à la turque.

*Hôtel Drouot, 8 décembre.*

179 — Montre à remontoir, à double boîtier en or, le couvercle repercé, pavé de brillants et de roses ; elle est pendue à un sautoir en or glissant dans un coulant en or enrichi de brillants et de roses.

*Hôtel Drouot, 8 décembre.*

180 — Montre à remontoir, double boîtier en or gravé, portant une étoile enrichie d'un brillant et pavée de roses ; elle est fixée à une régence formée de deux poulies et d'une ancre ornées de demi-perles.

*Hôtel Drouot, 8 décembre.*

181 — Montre à remontoir, double boîtier en or, portant le tracé du futur chemin de fer de Bagdad indiqué par des rubis, des brillants et des saphirs.

*Hôtel Drouot, 8 décembre.*

182 — Montre à remontoir, double boîtier en or, enrichi d'une émeraude, de brillants et de roses ; elle est attachée à une chaîne en or, enrichie d'émeraudes, supportant un médaillon orné d'une émeraude et de brillants.

*Hôtel Drouot, 8 décembre.*

# ZARFS

## SUPPORTS DE TASSES A CAFÉ TURC

183 — Paire de zarfs en or, composés d'ornements en brillants et en roses ; l'intervalle des ornements est rempli par des rubis calibrés.

*Galerie Georges Petit, 29 novembre.*

184 — Paire de zarfs en or, pavés de rubis, de brillants et de roses.

*Galerie Georges Petit, 29 novembre.*

185-186 — Paire de zarfs en or, formés d'ornements repercés, tout pavés de brillants et de roses.

*Galerie Georges Petit, 29 novembre.*

187 — Paire de zarfs en or repercé, enrichis de torsades en émeraudes et en brillants.

*Galerie Georges Petit, 29 novembre.*

188 — Douze zarfs en or émaillé bleu, portant chacun trois médaillons représentant en émail des vues de Constantinople ; chaque médaillon est entouré de petits brillants.

*Galerie Georges Petit, 29 novembre.*

189 — Zarf en or émaillé bleu, orné de volutes toutes pavées de brillants et de roses.

*Galerie Georges Petit, 29 novembre.*

190 — Zarf en or émaillé bleu, décoré de feuilles toutes pavées de brillants et de roses.

*Galerie Georges Petit, 29 novembre.*

191 — Paire de zarfs en or, formés de côtes torses repercées dans lesquelles sont des ornements pavés de brillants et de roses.

*Galerie Georges Petit, 29 novembre.*

192 — HUIT ZARFS en or émaillé bleu, ornés de brillants et de roses.

*Galerie Georges Petit, 29 novembre.*

193 — ZARF en argent, formé d'ornements repercés, tout pavés de brillants et de roses.

*Galerie Georges Petit, 29 novembre.*

194 — TROIS ZARFS en or : deux émaillés vert, l'un émaillé rouge, portant des ornements semblables pavés de brillants et de roses.

*Galerie Georges Petit, 29 novembre.*

195 — DIX ZARFS en or émaillé rouge, enrichis d'ornements pavés de roses.

*Galerie Georges Petit, 29 novembre.*

196 — ZARF en or, composé d'ornements repercés tout pavés de brillants et de roses.

*Galerie Georges Petit, 29 novembre.*

197 — ZARF en or, formé d'ornements et de guirlandes pavés de roses, dans les intervalles desquels sont sertis des rubis calibrés.

*Galerie Georges Petit, 29 novembre.*

198 — ZARF en or, formé de côtes torses constituées par des roses et des rubis calibrés, sur lesquelles passent des guirlandes pavées de roses.

*Galerie Georges Petit, 29 novembre.*

:99 — ZARF en or, formé d'entrelacs verticaux
et pavés de brillants et de roses, dans les intervalles desquels sont serties des émeraudes
calibrées.

*Galerie Georges Petit, 29 novembre.*

200 — ZARF en or, formé d'entrelacs en diago-
nale pavés de brillants et de roses, dans les
intervalles desquels sont serties des émeraudes calibrées.

*Galerie Georges Petit, 29 novembre.*

201 — DEUX ZARFS en or, formés de côtes d'émeraudes calibrées entourées de côtes pavées
de roses.

*Galerie Georges Petit, 29 novembre.*

202 — ZARF en or, formé de côtes torses, pavées
d'émeraudes calibrées entourées de roses ; en
haut, court une guirlande pavée de roses.

*Galerie Georges Petit, 29 novembre.*

203 — ZARF en or repercé, tout pavé de brillants
et de roses et enrichi de grosses émeraudes.

*Galerie Georges Petit, 29 novembre.*

204 — ZARF en or, décoré de bandes d'émail
rouges et noires, portant des losanges en or
enrichis d'émeraudes et des trèfles enrichis
de roses.

*Hôtel Drouot, 7 décembre.*

3.

205 — ZARF en or émaillé vert, portant des ornements repercés enrichis d'émeraudes, de brillants, de roses et de rubis.

*Hôtel Drouot, 7 décembre.*

206 — PAIRE DE ZARFS formés d'ornements repercés, pavés de brillants et de roses, enrichis de rubis et de trois réserves en émail peint.

*Hôtel Drouot, 7 décembre.*

207 — PAIRE DE ZARFS en or, enrichis d'émaux bleu, rouge et vert et d'ornements pavés de roses et de demi-perles.

*Hôtel Drouot, 7 décembre.*

208 — DIX ZARFS en or émaillé rouge, portant chacun quatre appliques repercées, pavées de brillants et de roses.

*Hôtel Drouot, 7 décembre.*

209 — ZARF en or émaillé bleu, avec des réserves roses enrichies de roses.

*Hôtel Drouot, 7 décembre.*

210 — ZARF en or émaillé, avec des ornements repercés, enrichi de brillants et de roses.

*Hôtel Drouot, 7 décembre.*

211 — ZARF en or émaillé bleu et rose, avec des ornements pavés de brillants et de roses.

*Hôtel Drouot, 7 décembre.*

212 — ZARF en or émaillé mauve et vert, enrichi d'ornements pavés de brillants et de roses.

*Hôtel Drouot, 7 décembre.*

213 — ZARF en or émaillé bleu et rose, avec des réserves peintes et des ornements de filigrane.

*Hôtel Drouot, 7 décembre.*

214 — ZARF en or, avec des bandes d'émail bleu foncé et des ornements repercés, pavés de brillants et de roses.

*Hôtel Drouot, 7 décembre.*

215 — ZARF en or émaillé avec filigrane, enrichi de trois réserves entourées de brillants et de roses ; sur le zarf, des ornements pavés de brillants et de roses.

*Hôtel Drouot, 7 décembre.*

216 — ZARF en or émaillé, décoré de réserves, d'attributs et de filigranes et enrichi de roses.

*Hôtel Drouot, 7 décembre.*

217 — ZARF en or émaillé, avec des réserves entourées de roses, et enrichi d'ornements en roses.

*Hôtel Drouot, 7 décembre.*

218 — DEUX ZARFS en or, décorés d'émaux et de filigranes.

*Hôtel Drouot, 7 décembre.*

219 — ZARF en or émaillé vert, avec des réserves roses et bleues, enrichies d'ornements pavés de brillants et de roses.

*Hôtel Drouot, 7 décembre.*

# BOITES, TABATIÈRES

## PORTE-CIGARETTES, PORTE-ALLUMETTES

220 — CARNET-AGENDA en or émaillé bleu, avec les initiales du Sultan A. H. et la couronne impériale pavée de brillants et de roses ; orné, au revers, d'un médaillon en or portant un amour, peint sur l'émail ; il est enrichi de brillants et de roses ; le crayon, en émail, est surmonté d'un rubis.

*Galerie Georges Petit, 27 novembre.*

221 — BOITE A CIGARETTES en or ciselé ; le couvercle est formé d'ornements repercés tout pavés de brillants et de roses. Au centre, une rosace en turquoises.

*Galerie Georges Petit, 28 novembre.*

222 — PORTE-CIGARETTES en or, décoré du mot « Souvenir » encadré d'ornements, le tout en brillants et en roses.

*Galerie Georges Petit, 28 novembre.*

223 — TABATIÈRE en or ciselé, portant sur le couvercle un médaillon en émail vert, enrichi du tougrah du Sultan en roses ; le médaillon est entouré de brillants et accoté de deux ornements pavés de brillants et de roses.

*Galerie Georges Petit, 28 novembre.*

224 — PORTE-CIGARETTES en or, orné de deux palmes entre-croisées et nouées par un ruban ; au centre, les armes de l'Empire ottoman avec le tougrah du Sultan ; le tout pavé de brillants, roses et rubis.

*Galerie Georges Petit, 28 novembre.*

225 — TABATIÈRE en or ciselé, ornée de six brillants et d'un médaillon entouré de brillants et de roses, portant les armes impériales ottomanes avec le tougrah du Sultan, pavée de brillants, roses, émeraudes et rubis.

*Galerie Georges Petit, 28 novembre.*

226 — TABATIÈRE en or ciselé, le couvercle émaillé rouge enrichi d'ornements repercés et d'une rosace, tout pavés de brillants et de roses.

*Galerie Georges Petit, 28 novembre.*

227 — TABATIÈRE en or émaillé bleu, portant sur le couvercle un médaillon avec la couronne impériale et les initiales du Sultan A. H.; le médaillon est entouré de brillants et accoté de deux rubans noués, pavés de brillants et de roses.

*Galerie Georges Petit, 28 novembre.*

228 — PORTE-CIGARETTES en or repercé, décoré sur les deux faces d'ornements pavés de brillants et de roses et supportant, d'un côté, la couronne impériale en émail, enrichie de roses ; et un FUME-CIGARETTES formé d'une serre d'oiseau en or au bout d'un anneau pavé de brillants.

*Galerie Georges Petit, 28 novembre.*

229 — BOITE A CIGARETTES en or rouge uni, avec le tougrah du Sultan en roses et des ornements tout pavés de brillants et de roses.

*Galerie Georges Petit, 28 novembre.*

230 — BOITE A FARD en or, le couvercle surmonté d'un croissant.

*Hôtel Drouot, 8 décembre.*

231 — BOITE en or guilloché, ayant contenu deux fume-cigarettes ; elle est ornée des armes impériales ottomanes.

*Hôtel Drouot, 8 décembre.*

232 — TABATIÈRE en or émaillé bleu ; sur le dessus, le tougrah du Sultan en or, entouré d'ornements pavés de brillants et de roses.

*Hôtel Drouot, 8 décembre.*

233 — PORTE-CIGARETTES en or gravé, portant, en caractères turcs, le nom du sultan Abdul-Hamid et des ornements pavés de brillants et de roses.

*Hôtel Drouot, 8 décembre.*

234 — Porte-cigarettes en or émaillé bleu ; fermoir en roses de forme cintrée.

Travail de la maison Cartier, à Paris.

*Hôtel Drouot, 8 décembre.*

235 — Porte-cigarettes en or, orné du tougrah du Sultan et de quatre ornements pavés de roses.

*Hôtel Drouot, 8 décembre.*

236 — Tabatière en or, le couvercle en émail rouge, portant le tougrah du Sultan en or et enrichi d'ornements pavés de brillants et de roses.

*Hôtel Drouot, 8 décembre.*

237 — Tabatière en or émaillé rose, portant, au bord du couvercle, des ornements en roses et, au centre, les armes impériales pavées de roses, d'émeraudes et de rubis.

*Hôtel Drouot, 8 décembre.*

238 — Porte-cigarettes en or, décoré d'un ornement pavé de brillants et de roses et du tougrah du Sultan pavé de roses ; le fermoir est formé d'un saphir cabochon.

*Hôtel Drouot, 8 décembre.*

239 — Porte-cigarettes en or enrichi des initiales du Sultan : A. H., pavé de brillants et de roses.

*Hôtel Drouot, 8 décembre.*

240 — PORTE-CIGARETTES de dame et porte-allumettes, en or émaillé de bandes vertes, avec
une rosace et le fermoir enrichis de roses.

Travail de la maison Cartier, à Paris.

*Hôtel Drouot, 8 décembre.*

241 — PORTE-CIGARETTES en or, portant, sur le
dessus, le tracé du futur chemin de fer de
Bagdad indiqué par des saphirs, des rubis et
des brillants.

*Hôtel Drouot, 8 décembre.*

242 — BOITE A MUSIQUE en or gravé, le couvercle
émaillé se soulevant pour laisser passer un
oiseau chanteur ; aux angles du couvercle,
quatre croissants pavés de brillants et de
roses ; autour du couvercle d'émail un entourage de roses.

*Hôtel Drouot, 8 décembre.*

243 — PORTE-CIGARETTES en or, portant, aux
quatre angles, des feuilles pavées de roses
séparées par des brillants ; au centre, le tougrah du Sultan en roses.

*Hôtel Drouot, 8 décembre.*

244 — BOITE D'ALLUMETTES, à pans coupés, en or
guilloché et gravé.

*Hôtel Drouot, 8 décembre.*

245 — Porte-cigarettes en or ciselé, représentant une vue du Bosphore et du palais de Dolma-Bagtché ; sur le dessous, quatre petits saphirs cabochons et, au fermoir, un saphir cabochon.

*Hôtel Drouot, 8 décembre.*

246 — Porte-cigarettes en or, enrichi d'ornements et des armes impériales ottomanes, le tout pavé de brillants, de roses, de rubis et d'émeraudes.

*Hôtel Drouot, 8 décembre.*

247 — Porte-cigarettes en or, décoré de feuilles et d'un insecte pavés de roses et enrichis de rubis ; le fermoir est formé d'un saphir taillé.

*Hôtel Drouot, 8 décembre.*

248 — Porte-cigarettes en or, portant, sur le dessus, un écusson de feuilles de laurier et des ornements dans les quatre angles, avec le tougrah du Sultan, au centre ; le tout pavé de brillants et de roses.

*Hôtel Drouot, 8 décembre.*

249 — Porte-cigarettes en or imitant le jonc tressé, enrichi d'un ornement en brillants qui tient deux saphirs cabochons ; le fermoir est composé de deux saphirs cabochons.

*Hôtel Drouot, 8 décembre.*

250 — Porte-cigarettes en or, décoré du tougrah du Sultan pavé de roses.

*Hôtel Drouot, 8 décembre.*

251 — Porte-cigarettes en or, décoré d'épis de blé et des armes impériales ottomanes, le tout pavé de brillants, roses, émeraudes et rubis.

*Hôtel Drouot, 8 décembre.*

252 — Porte-cigarettes en or, décoré du mot « Souvenir » en lettres turques, d'un entourage et d'ornements, le tout pavé de brillants et de roses.

*Hôtel Drouot, 8 décembre.*

253 — Porte-cigarettes et Porte-allumettes en vermeil, décorés d'un côté d'émaux translucides bleu, vert et rouge encadrant des ornements et le tougrah du Sultan.

*Hôtel Drouot, 8 décembre.*

254 — Boite a cigarettes en or; les côtés et le fond godronnés, le couvercle décoré de motifs en relief, d'ornements en brillants et en roses et portant, au centre, les initiales du Sultan : A. H. surmontées de la couronne impériale, pavées de brillants et de roses.

*Hôtel Drouot, 8 décembre.*

255 — Porte-cigarettes et Porte-allumettes en acier oxydé, enrichis de brillants, de rubis et de saphirs.

*Hôtel Drouot, 8 décembre.*

256 — PORTE-CIGARETTES en or, portant des feuilles et des fleurs, pavées de brillants et de roses, avec le tougrah du Sultan pavé de roses.

*Hôtel Drouot, 8 décembre.*

257 — BOITE A ALLUMETTES en or gravé, avec les initiales du Sultan en caractères turcs, pavés de roses.

*Hôtel Drouot, 8 décembre.*

258 — PORTE-CIGARETTES en or, enrichi d'ornements et d'un oiseau, pavé de roses et de rubis.

*Hôtel Drouot, 8 décembre.*

259 — PORTE-CIGARETTES en or mat, enrichi des initiales du Sultan en turc, pavées de brillants et de roses.

*Hôtel Drouot, 8 décembre.*

260 — PORTE-CIGARETTES en or, décoré du tougrah du Sultan et de quatre ornements aux angles, le tout pavé de roses.

*Hôtel Drouot, 8 décembre.*

261 — PORTE-CIGARETTES en or blanc poli, orné d'une bande d'émail vert, de trois croissants en émail vert entrelacés et de trois émeraudes taillées entourées de brillants; le fermoir formé d'un brillant.

*Hôtel Drouot, 8 décembre.*

# OBJETS D'ART PRÉCIEUX

262 — SERVICE A TCHIBOUK, composé de deux tchibouks, avec des bouts d'ambre, l'un portant une bague en or avec deux ceintures de brillants, l'autre portant une bague en or et trois ceintures de brillants ; un cendrier rectangulaire en or, un grand cendrier rond en or, un cure-pipe en or, une boîte d'allumettes en or avec mèche, une pince à charbon en or et six lulès en terre.

*Galerie Georges Petit, 27 novembre.*

263 — SERVICE DE FUMEUR en or, composé d'un cendrier, une boîte à cigarettes, une boîte à allumettes et un fume-cigarettes, ces trois derniers objets enrichis des initiales du Sultan : A. H. en brillants et en roses.

*Galerie Georges Petit, 27 novembre.*

264 — SERVICE DE FUMEUR, composé d'un porte-cigarettes en or, portant sur le couvercle le chiffre d'Abd-ul-Hamid en caractères turcs et des ornements pavés de brillants et de roses ; un cendrier en or avec une agrafe enrichie de brillants et de roses ; un fume-cigarettes en ambre orné des armes impériales ottomanes pavées de roses et d'une ceinture de brillants ; une pince à cigarettes ornée de roses et de brillants ; une boîte d'allumettes avec une applique en roses.

*Galerie Georges Petit, 27 novembre.*

265 — Pince a cigarettes en or, enrichie de roses, de brillants et de rubis.

*Hôtel Drouot, 7 décembre.*

266 — Fume-cigarettes en or gravé et en ambre, décoré de deux anneaux de brillants et de trois brillants sur le corps.

*Hôtel Drouot, 7 décembre.*

267 — Fume-cigarettes en ambre, orné des armes impériales en émeraudes, rubis et roses.

*Hôtel Drouot, 7 décembre.*

268 — Fume-cigarettes en ambre, orné des armes impériales en émeraudes, rubis et roses.

*Hôtel Drouot, 7 décembre.*

269 — Pince a cigarettes en or, enrichie de brillants, de roses et de rubis.

*Hôtel Drouot, 7 décembre.*

270 — Écritoire turque, composée de : un grand plateau avec un dossier en or repercé, enrichi de brillants, de roses et de rubis ; quatre godets en or repercé, enrichis de brillants, de roses et de rubis ; un porte-plume, un canif, une paire de ciseaux et un kalem-trach.

*Galerie Georges Petit, 27 novembre.*

271 — Encrier à la turque, composé de : un plateau entouré d'une bordure en or repercé ; quatre godets en or gravé, dont les couvercles sont enrichis de brillants et de roses ; une paire de ciseaux en acier damasquiné, un canif et un kalem-trach, ces trois objets enrichis de brillants et de roses.

*Hôtel Drouot, 7 décembre.*

272 — Six encriers à la turque en or côtelé ; les couvercles surmontés de fleurs et de feuilles pavées de brillants et de roses.

*Hôtel Drouot, 7 décembre.*

273 — Porte-plume en argent doré guilloché, portant les initiales du Sultan en caractères turcs et surmontées de la couronne impériale.

*Hôtel Drouot, 7 décembre.*

274 — Longue-vue en cuivre émaillé, portant des ornements pavés de brillants et de roses.

*Hôtel Drouot, 7 décembre.*

275 — Longue-vue en cuivre émaillé bleu et jaune, avec trois réserves de paysages et de trophée, enrichie d'ornements en brillants et en roses.

*Hôtel Drouot, 8 décembre,*

276 — Longue-vue en cuivre émaillé bleu, avec des réserves sur fond blanc, et enrichie d'entourages et d'ornements pavés de brillants et de roses.

*Galerie Georges Petit, 27 novembre.*

277 — Jumelle en or, enrichie de trois cercles
de brillants et de roses et d'ornements
Louis XV, portant des fleurettes enrichies de
brillants ; sur le corps de la jumelle sont sertis
des brillants espacés.

*Galerie Georges Petit, 27 novembre.*

278 — Jumelle en or émaillé, avec des médaill-
lons de paysages et de marines enrichis d'entourages en roses ; elle porte une montre
au-dessus de la rondelle de mise au point.

*Hôtel Drouot, 7 décembre.*

279 — Jumelle en or émaillé noir, portant des
réserves en émail blanc décoré de bouquets
de fleurs, et garnie de ceintures de brillants
et de roses.

*Hôtel Drouot, 7 décembre.*

280 — Miroir face a main en or émaillé rouge,
à deux faces, orné de réserves roses ; tout le
tour du miroir, ainsi que le haut et le bas du
manche, sont décorés d'ornements en or tout
pavés de brillants et de roses.

*Galerie Georges Petit, 27 novembre.*

281 — Réveille-matin en or, décoré de panneaux
peints surmontés des armes impériales ottomanes ; la face antérieure est enrichie de gros,
et de moyens brillants.

*Galerie Georges Petit, 27 novembre.*

282 — Canne surmontée d'une pomme en or
gravé, portant, au sommet, un gros brillant
entouré de brillants et où sont incrustés des
ornements pavés de brillants et de roses.

*Galerie Georges Petit, 27 novembre.*


283 — Canne surmontée d'un pommeau en or
guilloché, portant une ceinture de brillants
et surmontée d'une agate entourée de brillants.

*Hôtel Drouot, 7 décembre.*


284 — Face a main en or ; le dessus, émaillé bleu
foncé, recouvre une montre et est enrichi de
roses.

*Galerie Georges Petit, 27 novembre.*


285 — Couvert pliant en or gravé, comprenant
un couteau avec deux lames d'acier, un tire-
bouchon, une fourchette, une cuiller à potage
et une cuiller à sel ; ce couvert se démonte
en trois pièces.

*Galerie Georges Petit, 27 novembre.*


286 — Deux tasses formées de deux coupes en
porcelaines de Chine montées sur or ; les
anses en or sont pavées de brillants et de
roses ; les soucoupes en or portent, au bord,
des ornements encadrant les initiales du
Sultan : A. H. en caractères turcs pavés de
brillants et de roses.

*Galerie Georges Petit, 27 novembre.*

287 — Deux tasses et soucoupes en or gravé aux armes impériales ottomanes ; chaque couvercle est couronné d'une graine formée de trois feuilles pavées de brillants et de roses et surmontées d'un gros brillant.

*Galerie Georges Petit, 27 novembre.*

288 — Verre d'eau composé d'un verre en cristal taillé sur une soucoupe en or gravé, dont le marli est décoré d'ornements pavés de brillants et de roses ; le verre est recouvert d'un couvercle avec des ornements pavés de brillants et de roses et surmonté d'un gros brillant.

*Hôtel Drouot, 7 décembre.*

289 — Verre d'eau composé de deux verres, d'un plateau et d'une carafe en cristal ; les couvercles des deux verres, en vermeil ciselé, sont surmontés d'une rose toute pavée de roses et dont les feuilles en émail sont serties de roses.

*Hôtel Drouot, 7 décembre.*

290 — Panier a œufs en forme de corbeille, en or, avec deux coquetiers et une salière, portant les armes impériales ottomanes gravées ; sur le panier sont appliquées en relief les armes impériales ottomanes avec, au centre, un gros brillant ; sur le bord du panier est perché un poussin en or, le dessus du corps pavé en roses ; à ce panier sont jointes deux cuillers à œuf et une cuiller à sel en or, dont la tige, en forme d'épi, est pavée de roses.

*Hôtel Drouot, 7 décembre.*

291 — PINCEAU A FARD pavé de brillants et de roses.

*Hôtel Drouot, 7 décembre.*

292 — BOL A POUDRE en or gravé, portant les armes impériales ottomanes ; le couvercle est surmonté d'un gros brillant rond.

*Hôtel Drouot, 7 décembre.*

293 — CADRE A PHOTOGRAPHIES en or ciselé, surmonté des armes impériales ottomanes enrichies d'un gros brillant, et orné de brillants et de roses.

*Hôtel Drouot, 7 décembre.*

294 — SERVICE A CAFÉ en argent doré, de style Louis XVI, décoré des armes impériales ottomanes en émail.

Travail de la maison Cartier, à Paris.

*Hôtel Drouot, 7 décembre.*

295 — BOURSE en or avec un fermoir enrichi de vingt-six brillants.

*Hôtel Drouot, 7 décembre.*

296 — COUPE-PAPIER, en forme de pala, en agate blanche gravée d'une inscription arabe.

*Hôtel Drouot, 7 décembre.*

297 — CUILLER A CONFITURES, pour mallébi, en argent émaillé bleu et rouge, surmontée d'un ornement pavé de roses, culeron en nacre.

*Hôtel Drouot, 7 décembre.*

# OBJETS DIVERS

298 — Trois coulants de ceinture en or ciselé, enrichis de turquoises et de rubis cabochons.

*Galerie Georges Petit, 28 novembre.*

299 — Médaillon formé d'une plaque de cristal bleu ornée d'une résille de fleurettes pavée de roses.

*Hôtel Drouot, 5 décembre.*

300 — Applique formée d'ornements pavés de roses.

*Hôtel Drouot, 5 décembre.*

301 — Applique formée de feuilles, toute pavée de brillants et de roses.

*Hôtel Drouot, 6 décembre.*

302 — Ornement en or provenant d'un couvercle, enrichi de brillants et de roses.

*Hôtel Drouot, 6 décembre.*

# BRILLANTS, PIERRES ET PERLES
## NON MONTÉS

303 — Brillant rectangulaire teinté.

Poids : 61,43 carats métriques.
59 15/16 carats anciens.

*Galerie Georges Petit, 29 novembre.*

304 — GROS BRILLANT carré teinté.

Poids : 82,83 carats métriques.
80 3/4 1/16 carats anciens.

*Galerie Georges Petit, 29 novembre.*

305 — BRILLANT carré teinté.

Poids : 71,75 carats métriques.
70 carats anciens.

*Galerie Georges Petit, 29 novembre.*

306 — BRILLANT carré teinté.

Poids : 71,88 carats métriques.
70 1/8 carats anciens.

*Galerie Georges Petit, 29 novembre.*

307 — BRILLANT carré teinté.

Poids : 69,89 carats métriques.
68 1/8 1/16 carats anciens.

*Galerie Georges Petit, 29 novembre.*

308 — BRILLANT rectangulaire teinté.

Poids : 65,95 carats métriques.
64 1/4 1/16 1/32 carats anciens.

*Galerie Georges Petit, 29 novembre.*

309 — BRILLANT carré teinté.

Poids : 73,67 carats métriques.
71 3/4 1/8 carats anciens.

*Galerie Georges Petit, 29 novembre.*

310 — BRILLANT rectangulaire teinté.

Poids : 24,34 carats métriques.
23 3/4 carats anciens.

*Hôtel Drouot, 9 décembre.*

311 — BRILLANT rectangulaire teinté.

Poids : 26,07 carats métriques.
25 1/4 1/8 1/16 carats anciens.

*Hôtel Drouot, 9 décembre.*

312 — BRILLANT rectangulaire teinté.

Poids : 19,28 carats métriques.
18 3/4 1/16 carats anciens.

*Hôtel Drouot, 9 décembre.*

313 — BRILLANT carré teinté.

Poids : 40,35 carats métriques.
39 1/4 1/8 carats anciens.

*Hôtel Drouot, 9 décembre.*

314 — BRILLANT rond teinté.

Poids : 41,41 carats métriques.
40 1/4 1/8 1/32 carats anciens.

*Hôtel Drouot, 9 décembre.*

315 — BRILLANT carré teinté.

Poids : 53,81 carats métriques.
52 1/2 carats anciens.

*Hôtel Drouot, 9 décembre.*

316 — BRILLANT carré teinté.

Poids : 44,58 carats métriques.
43 1/2 carats anciens.

*Hôtel Drouot, 9 décembre.*

317 — BRILLANT carré teinté.

Poids : 34,78 carats métriques.
33 15/16 carats anciens.

*Hôtel Drouot, 9 décembre.*

318 — BRILLANT rectangulaire teinté.

Poids : 28,25 carats métriques.
27 1/2 1'16 carats anciens.

*Hôtel Drouot, 9 décembre.*


319 — BRILLANT carré teinté.

Poids : 35,62 carats métriques.
34 3/4 carats anciens.

*Hôtel Drouot, 9 décembre.*


320 — BRILLANT rond teinté.

Poids : 23,32 carats métriques.
22 3/4 carats anciens.

*Hôtel Drouot, 9 décembre.*


321 — BRILLANT carré teinté.

Poids : 20,05 carats métriques.
19 1/2 1/16 carats anciens.

*Hôtel Drouot, 9 décembre.*


322 — BRILLANT ovale rosé.

Poids : 5,06 carats métriques.
4 15'16 carats anciens.

*Hôtel Drouot, 9 décembre.*


323 — BRILLANT carré teinté.

Poids : 16,65 carats métriques.
16 1/4 carats anciens.

*Hôtel Drouot, 9 décembre.*


324 — BRILLANT carré teinté.

Poids : 25,88 carats métriques.
25 1/4 carats anciens.

*Hôtel Drouot, 9 décembre.*

325 — BRILLANT rond teinté.

Poids : 12,17 carats métriques.
11 7/8 carats anciens.

*Hôtel Drouot, 9 décembre.*


326 — BRILLANT carré teinté.

Poids : 24,02 carats métriques.
23 1/4 1/8 1/16 carats anciens.

*Hôtel Drouot, 9 décembre.*


327 — BRILLANT carré teinté.

Poids : 18,77 carats métriques.
18 1/4 1/16 carats anciens.

*Hôtel Drouot, 9 décembre.*


328 — BRILLANT carré teinté.

Poids : 20,56 carats métriques.
20 1/16 carats anciens.

*Hôtel Drouot, 9 décembre.*


329 — BRILLANT carré teinté.

Poids : 26,65 carats métriques.
26 carats anciens.

*Hôtel Drouot, 9 décembre.*


330 — BRILLANT rond teinté.

Poids : 13,58 carats métriques.
13 1/4 carats anciens.

*Hôtel Drouot, 9 décembre.*


331 — BRILLANT rectangulaire teinté.

Poids : 14,57 carats métriques.
14 1/8 1/16 1/32 carats anciens.

*Hôtel Drouot, 9 décembre.*

332 — BRILLANT carré teinté.

Poids : 14,09 carats métriques.
13 3/4 carats anciens.

*Hôtel Drouot, 9 décembre.*

333 — BRILLANT carré teinté.

Poids : 18,61 carats métriques.
18 1/8 1/32 carats anciens.

*Hôtel Drouot, 9 décembre.*

334 — BRILLANT carré blanc.

Poids : 5,70 carats métriques.
5 1/2 1/16 carats anciens.

*Hôtel Drouot, 9 décembre.*

335 — BRILLANT plat rectangulaire rosé.

Poids : 3,71 carats métriques.
3 1/2 1/8 carats anciens.

*Hôtel Drouot, 9 décembre.*

336 — BRILLANT irrégulier.

Poids : 12,88 carats métriques.
12 1/2 1/16 carats anciens.

*Hôtel Drouot, 9 décembre.*

337 — BRILLANT rectangulaire blanc.

Poids : 5,76 carats métriques.
5 1/2 1/8 carats anciens.

*Hôtel Drouot, 9 décembre.*

338 — BRILLANT carré blanc.

Poids : 5,80 carats métriques.
5 1/2 1/8 1/32 carats anciens.

*Hôtel Drouot, 9 décembre.*

**339 — Brillant carré blanc.**

Poids : 7,17 carats métriques.
7 carats anciens.

*Hôtel Drouot, 9 décembre.*

**340 — Brillant rectangulaire blanc.**

Poids : 3,84 carats métriques.
3 3/4 carats anciens.

*Hôtel Drouot, 9 décembre.*

**341 — Brillant carré blanc bleuté.**

Poids : 5,38 carats métriques.
5 1/4 carats anciens.

*Hôtel Drouot, 9 décembre.*

**342 — Brillant ovale plat blanc.**

Poids : 6,15 carats métriques.
6 carats anciens.

*Hôtel Drouot, 9 décembre.*

**343 — Brillant rond blanc.**

Poids : 9,25 carats métriques.
9 1/32 carats anciens.

*Hôtel Drouot, 9 décembre.*

**344 — Brillant carré blanc.**

Poids : 5,77 carats métriques.
5 1/2 1/8 carats anciens.

*Hôtel Drouot, 9 décembre.*

**345 — Diamant de forme irrégulière taillé en rose.**

Poids : 18,77 carats métriques.
18 1/4 1/16 carats anciens.

*Hôtel Drouot, 9 décembre.*

346 — Brillant rond rosé.

Poids : 14,22 carats métriques.
13 7/8 carats anciens.

*Hôtel Drouot, 9 décembre.*

347 — Brillant carré blanc.

Poids : 10,38 carats métriques.
10 1/8 carats anciens.

*Hôtel Drouot, 9 décembre.*

348 — Brillant rond blanc.

Poids : 8,67 carats métriques.
7 7/8 carats anciens.

*Hôtel Drouot, 9 décembre.*

349 — Brillant carré teinté.

Poids : 26,71 carats métriques.
26 1/16 carats anciens.

*Hôtel Drouot, 9 décembre.*

350 — Brillant rectangulaire teinté.

Poids : 19,09 carats métriques.
18 1/2 1/8 carats anciens.

*Hôtel Drouot, 9 décembre.*

351 — Brillant carré teinté.

Poids : 13,19 carats métriques.
12 3/4 1/8 carats anciens.

*Hôtel Drouot, 9 décembre.*

352 — Brillant carré blanc.

Poids : 4,35 carats métriques.
4 1/4 carats anciens.

*Hôtel Drouot, 9 décembre.*

353 — Brillant carré blanc.

    Poids : 7,75 carats métriques.
    7 1/2 1/6 carats anciens.

*Hôtel Drouot, 9 décembre.*


354 — Brillant carré légèrement teinté.

    Poids : 13,58 carats métriques.
    13 1/4 carats anciens.

*Hôtel Drouot, 9 décembre.*


355 — Brillant rectangulaire rosé.

    Poids : 8,97 carats métriques.
    8 3/4 carats anciens.

*Hôtel Drouot, 9 décembre.*


356 — Brillant rectangulaire teinté.

    Poids : 15,88 carats métriques.
    15 1/2 carats anciens.

*Hôtel Drouot, 9 décembre.*


357 — Brillant rectangulaire teinté.

    Poids : 26,20 carats métriques.
    25 1/2 1/16 carats anciens.

*Hôtel Drouot, 9 décembre.*


358 — Brillant plat, rectangulaire, blanc rosé.

    Poids : 7,04 carats métriques.
    6 3/4 1/8 carats anciens.

*Hôtel Drouot, 9 décembre.*


359 — Brillant carré teinté.

    Poids : 34,15 carats métriques.
    33 1/4 1/16 carats anciens.

*Hôtel Drouot, 11 décembre.*

**360** — BRILLANT rectangulaire teinté.

> Poids : 27,80 carats métriques.
> 27 1/8 carats anciens.

*Hôtel Drouot, 11 décembre.*

**361** — BRILLANT carré teinté.

> Poids : 22,13 carats métriques.
> 21 1/2 1/16 1/32 carats anciens.

*Hôtel Drouot, 11 décembre.*

**362** — BRILLANT carré légèrement teinté.

> Poids : 17,58 carats métriques.
> 17 1/8 1/32 carats anciens.

*Hôtel Drouot, 11 décembre.*

**363** — BRILLANT carré teinté.

> Poids : 18,70 carats métriques.
> 18 1/4 carats anciens.

*Hôtel Drouot, 11 décembre.*

**364** — BRILLANT carré teinté.

> Poids : 19,09 carats métriques.
> 18 1/2 1/8 carats anciens.

*Hôtel Drouot, 11 décembre.*

**365** — BRILLANT ovale blanc.

> Poids : 11,01 carats métriques.
> 10 3/4 carats anciens.

*Hôtel Drouot, 11 décembre.*

**366** — BRILLANT ovale teinté.

> Poids : 14,22 carats métriques.
> 13 7/8 carats anciens.

*Hôtel Drouot, 11 décembre.*

367 — BRILLANT carré légèrement teinté.

Poids : 16,01 carats métriques.
15 1/2 1/8 carats anciens.

*Hôtel Drouot, 11 décembre.*

368 — BRILLANT carré teinté.

Poids : 20,05 carats métriques.
19 1/2 1/16 carats anciens.

*Hôtel Drouot, 11 décembre.*

369 — BRILLANT carré blanc.

Poids : 7,05 carats métriques.
6 7/8 carats anciens.

*Hôtel Drouot, 11 décembre.*

370 — BRILLANT carré teinté.

Poids : 11,27 carats métriques.
11 carats anciens.

*Hôtel Drouot, 11 décembre.*

371 — BRILLANT rectangulaire blanc.

Poids : 9,35 carats métriques.
9 1/8 carats anciens.

*Hôtel Drouot, 11 décembre.*

372 — BRILLANT rond teinté.

Poids : 12,94 carats métriques.
12 1/2 1/8 carats anciens.

*Hôtel Drouot, 11 décembre.*

373 — BRILLANT rectangulaire blanc.

Poids : 8,52 carats métriques.
8 1/4 1/16 carats anciens.

*Hôtel Drouot, 11 décembre.*

**374 — B**RILLANT **carré blanc.**

> Poids : 14,03 carats métriques.
> 13 1/2 1/8 1/16 carats anciens.

*Hôtel Drouot, 11 décembre.*

**375 — B**RILLANT **carré blanc.**

> Poids : 5,31 carats métriques.
> 5 1/8 1/16 carats anciens.

*Hôtel Drouot, 11 décembre.*

**376 — B**RILLANT **carré teinté.**

> Poids : 12,43 carats métriques.
> 12 1/8 carats anciens.

*Hôtel Drouot, 11 décembre.*

**377 — B**RILLANT **carré teinté.**

> Poids : 22,29 carats métriques.
> 21 3/4 carats anciens.

*Hôtel Drouot, 11 décembre.*

**378 — B**RILLANT **carré blanc.**

> Poids : 7,81 carats métriques.
> 7 1/2 1/8 carats anciens.

*Hôtel Drouot, 11 décembre.*

**379 — B**RILLANT **carré teinté.**

> Poids : 10,25 carats métriques.
> 10 carats anciens.

*Hôtel Drouot, 11 décembre.*

**380 — B**RILLANT **poire rosé.**

> Poids : 6,28 carats métriques.
> 6 1/8 carats anciens.

*Hôtel Drouot, 11 décembre.*

381 — BRILLANT ovale blanc.

>Poids : 10,18 carats métriques.
>9 15/16 carats anciens.

*Hôtel Drouot, 11 décembre.*

382 — BRILLANT carré blanc.

>Poids : 16,27 carats métriques.
>15 7/8 carats anciens.

*Hôtel Drouot, 11 décembre.*

383 — BRILLANT rectangulaire teinté.

>Poids : 27,42 carats métriques.
>26 3/4 carats anciens.

*Hôtel Drouot, 11 décembre.*

384 — BRILLANT carré teinté.

>Poids : 13,42 carats métriques.
>13 1/16 1/32 carats anciens.

*Hôtel Drouot, 11 décembre.*

385 — BRILLANT carré teinté.

>Poids : 14,16 carats métriques.
>13 3/4 1/16 carats anciens.

*Hôtel Drouot, 11 décembre.*

386 — BRILLANT ovale blanc légèrement teinté.

>Poids : 7,94 carats métriques.
>7 3/4 carats anciens.

*Hôtel Drouot, 11 décembre.*

387 — BRILLANT rond teinté.

>Poids : 15,76 carats métriques.
>15 1/4 1/8 carats anciens.

*Hôtel Drouot, 11 décembre.*

**388** — BRILLANT rectangulaire jaune.

Poids : 12,80 carats métriques.
12 1/2 carats anciens.

*Hôtel Drouot, 11 décembre.*

**389** — BRILLANT carré teinté.

Poids : 33,82 carats métriques.
33 carats anciens.

*Hôtel Drouot, 11 décembre.*

**390** — BRILLANT rectangulaire blanc.

Poids : 3,71 carats métriques.
3 5/8 carats anciens.

*Hôtel Drouot, 11 décembre.*

**391** — BRILLANT carré teinté.

Poids : 11,27 carats métriques.
11 carats anciens.

*Hôtel Drouot, 11 décembre.*

**392** — BRILLANT rectangulaire irrégulier blanc.

Poids : 8,10 carats métriques.
7 29/32 carats anciens.

*Hôtel Drouot, 11 décembre.*

**393** — BRILLANT carré teinté.

Poids : 12,23 carats métriques.
11 15/16 carats anciens.

*Hôtel Drouot, 11 décembre.*

**394** — BRILLANT rectangulaire teinté.

Poids : 10,76 carats métriques.
10 1/2 carats anciens.

*Hôtel Drouot, 11 décembre.*

395 — BRILLANT rectangulaire blanc.

Poids : 5,70 carats métriques.
5 1/2 1/6 carats anciens.

*Hôtel Drouot, 11 décembre.*


396 — BRILLANT rectangulaire, plat, teinté.

Poids : 9,38 carats métriques.
9 1/8 1/32 carats anciens.

*Hôtel Drouot, 11 décembre.*


397 — BRILLANT carré blanc.

Poids : 7,94 carats métriques.
7 3/4 carats anciens.

*Hôtel Drouot, 11 décembre.*


398 — BRILLANT rectangulaire blanc.

Poids : 7,17 carats métriques.
7 carats anciens.

*Hôtel Drouot, 11 décembre.*


399 — BRILLANT rectangulaire teinté.

Poids : 15/56 carats métriques.
15 1/8 1/16 carats anciens.

*Hôtel Drouot, 11 décembre.*


400 — BRILLANT plat, irrégulier, blanc rosé.

Poids : 4,93 carats métriques.
4 3/4 1/16 carats anciens.

*Hôtel Drouot, 11 décembre.*


401 — BRILLANT carré teinté.

Poids : 13,39 carats métriques.
13 1/16 carats anciens.

*Hôtel Drouot, 11 décembre.*

**402** — BRILLANT rectangulaire teinté.

> Poids : 13,90 carats métriques.
> 13 1/2 1/16 carats anciens.

*Hôtel Drouot, 11 décembre.*

**403** — BRILLANT carré teinté.

> Poids : 15,63 carats métriques.
> 15 1/4 carats anciens.

*Hôtel Drouot, 11 décembre.*

**404** — BRILLANT rectangulaire teinté.

> Poids : 11,69 carats métriques.
> 11 1/4 1/8 1/32 carats anciens.

*Hôtel Drouot, 11 décembre.*

**405** — BRILLANT carré teinté.

> Poids : 19,98 carats métriques.
> 19 1/2 carats anciens.

*Hôtel Drouot, 11 décembre.*

**406** — BRILLANT rectangulaire teinté.

> Poids : 20,02 carats métriques.
> 19 1/2 1/32 carats anciens.

*Hôtel Drouot, 11 décembre.*

**407** — BRILLANT poire teinté.

> Poids : 0,64 carat métrique.
> 20/32 carat ancien.

*Hôtel Drouot, 11 décembre.*

**408** — DEUX BRIOLETTES diamants.

> Poids brut : 10,82 carats métriques.
> 10 1/2 1/16 carats anciens.

*Hôtel Drouot, 9 décembre.*

**409** — DEUX PERLES rondes non percées.

> Poids : 19,73 grains métriques.
> 19 1/4 grains anciens.

*Hôtel Drouot, 11 décembre.*

**410** — QUATRE-VINGT-SEPT PERLES d'Orient.

> Poids : 512,35 grains métriques.
> 499 7/8 grains anciens.

*Hôtel Drouot, 9 décembre.*

**411** — TROIS PERLES roboles reliées par une chaîne d'argent.

*Hôtel Drouot, 9 décembre.*

**412** — LOT DE PETITES PERLES.

> Poids brut environ : 2.390,30 carats métriques.
> 2.332 carats anciens.

*Hôtel Drouot, 9 décembre.*

**413** — LOT DE PETITES PERLES.

> Poids brut environ : 3.821,20 carats métriques.
> 3.728 carats anciens.

*Hôtel Drouot, 9 décembre.*

**414** — ÉMERAUDE cabochon ronde.

> Poids : 45,29 carats métriques.
> 44 1/8 1/16 carats anciens.

*Galerie Georges Petit, 28 novembre.*

**415** — DEUX GROSSES ÉMERAUDES ovales cabochons, serties dans des montures en or.

*Galerie Georges Petit, 28 novembre.*

416 — ÉMERAUDE taillée en forme de rondelle, percée au centre.

Poids : 92,25 carats métriques.
90 carats anciens.

*Galerie Georges Petit, 28 novembre.*

417 — ÉMERAUDE ovale cabochon.

Poids : 6,67 carats métriques.
6 1/2 1/64 carats anciens.

*Hôtel Drouot, 11 décembre.*

418 — ÉMERAUDE cabochon ronde.

Poids : 9,27 carats métriques.
9 1/32 1/64 carats anciens.

*Hôtel Drouot, 11 décembre.*

419 — Sous ce numéro, seront vendues diverses pierres sur papier : perles, émeraudes, rubis, brillants et roses.

*Hôtel Drouot, 9 et 11 décembre.*